O ENCANTADOR DE PESSOAS

EDITORA
Labrador

O ENCANTADOR DE PESSOAS

Liv Soban

Copyright © 2021 de Liv Soban
Todos os direitos desta edição reservados à Editora Labrador.

Coordenação editorial
Pamela Oliveira

Preparação de texto
Ana Rüsche

Projeto gráfico, diagramação e capa
Amanda Chagas
Felipe Rosa

Revisão
Lilian Aquino
Marília Courbassier Paris

Assistência editorial
Larissa Robbi Ribeiro

Imagem de capa
Mayu Tanaka
Dushka Tanaka

Dados Internacionais de Catalogação na Publicação (CIP)
Angelica Ilacqua CRB-8/7057

Soban, Liv
   O encantador de pessoas / Liv Soban. -- São Paulo : Labrador, 2021.
   240 p.

ISBN 978-65-5625-132-5

1. Soban, Liv - Memórias autobiográficas 2. Pai e filha I. Título

21-1153   CDD 920.71

Índice para catálogo sistemático:
1. Biografia

Editora Labrador
Diretor editorial: Daniel Pinsky
Rua Dr. José Elias, 520 – Alto da Lapa
05083-030 – São Paulo – SP
+55 (11) 3641-7446
contato@editoralabrador.com.br
www.editoralabrador.com.br
facebook.com/editoralabrador
instagram.com/editoralabrador

A reprodução de qualquer parte desta obra é ilegal e configura uma apropriação indevida dos direitos intelectuais e patrimoniais da autora.

A editora não é responsável pelo conteúdo deste livro. A autora conhece os fatos narrados, pelos quais é responsavel, assim como se responsabiliza pelos juízos emitidos.

AO MEU BABBO, QUE ME FEZ
DO JEITO QUE EU SOU.
A TODOS OS BABBOS QUE
TÊM A CHANCE DE FAZER DE
SEUS FILHOS VERSÕES
MELHORES DELES MESMOS.

SUMÁRIO

PREFÁCIO   9

0   PRÓLOGO   13
TRÊS ANOS SEM VOCÊ   14
    00h20   14
UM ANO SEM VOCÊ   16
    Receita do cordeiro do Babbo   22
    Conversa entre a Maria e a Evinha   22

1   BABBO E O MAR   25
BABBO E O MAR   26
COCANHA   34
TE ODEIO   44
QUANDO O ARREPENDIMENTO FALA   51
O FAMIGERADO DIAGNÓSTICO   62
GRUDE DE CLÃ   69
A ÚLTIMA VIAGEM DE VOLTA   77

2 SETE DIAS COM 720 HORAS CADA — 85

O DIA EM QUE VOCÊ DESCOBRIU QUE IA EMBORA — 86
O GOURMET MAIS DIFÍCIL DE SE SATISFAZER — 91
PEGA A COLEIRA! — 99
DRAMA KING — 105
MEUS 3.457 NAMORADOS — 117
ACEROLA, OSTRAS E AMIZADES — 129
O ÚLTIMO MERGULHO — 137
IN VINO VERITAS — 141
O PORCO ROSA — 151
BOSTÃO E BOSTIN — 163
BLU DIPINTO DI BLU — 172
A ÚLTIMA CEIA — 188
BABBO FOI VELEJAR NO CÉU — 194
VELORETA — 203
SETE DIAS SEM VOCÊ — 215
BABBO VIRA MAR — 219

3 NOTAS DE AMOR SOBRE A SUA PARTIDA — 227

THE KING IS GONE — 228
EXPERIENCES MAKE YOU RICHER AND WISER — 230
O INDEMISSÍVEL DEDÉ SOBAN DEIXOU A VIDA PARA ENTRAR NA HISTÓRIA — 234

AGRADECIMENTOS — 238

PREFÁCIO

QUANDO AS PALAVRAS VELEJAM

Prepare-se. Este livro que você tem nas mãos é um ato de amor e de vida. *O encantador de pessoas* é uma moeda da sorte e, por isso, possui dois lados — na coroa, um livro sobre a vida de Eduardo Heitor Soban; na cara, uma autobiografia escrita por sua filha, Liv Soban. Será a partir da perda do pai que a filha decide se tornar escritora e redigir estas memórias.

Ao girarem nas páginas, esses dois lados da narrativa operam um pequeno milagre: realizam um desejo. Se, por um lado, o livro pranteia a morte, não me recordo de um livro que fale tão bem a respeito do que seja viver. Viver na plenitude. Viver com gana. Eis o milagre do mundo.

O livro viaja entre dois polos. A metrópole de São Paulo, cheia de médicos, diagnósticos terríveis e consultórios gelados. E Caraguatatuba, no norte do litoral do estado de São Paulo, onde se localiza a joia do livro, a praia da Cocanha. É dessas águas e dos céus azuis que se empresta o tom para descrever os olhos do protagonista (e também os da autora). No contraste entre os dois espaços, a narrativa se costura apresentando um desfile de personagens da família e amizades, e episódios engraçados, outros tristíssimos. Haverá lições de moral (do melhor tipo), palavrões, gestos liberais, incompreensões e muitos abraços de urso.

Será difícil não se emocionar durante a leitura. A equipe toda que trabalhou no livro pode atestar. Mas talvez, neste momento exato de sua publicação, seja o que mais precisamos. Chorar de lavar a alma. Após um ano tão duro, 2020, no qual uma pandemia terrível assolou os mais diversos locais do globo e ceifou tantas vidas preciosas, cujos entes queridos não puderam se despedir em cerimônias dignas, este livro nos traz um alento imenso. Prantear nossos mortos, pois os amamos — amamos tanto que seguem bem vivos aqui dentro, adentro.

Assim, é por meio da palavra, uma moeda mágica e preciosa, que se opera um pequeno milagre: ao ler o livro, Babbo estará bem vivo, diante de sua filha Liv Soban, a escritora.

Ana Rüsche
Doutora em Estudos Linguísticos e Literários em Inglês pela Universidade de São Paulo. Escritora, seus últimos livros são *Do amor* e *A telepatia são os outros*, vencedor do Prêmio Odisseia de Literatura Fantástica e finalista do Prêmio Jabuti.

PRÓLOGO

TRÊS ANOS SEM VOCÊ

00h20

Você não me ligou. Nem hoje. Nem nos últimos dois aniversários. Parece bobo, né? "Santo Universo, essa menina não superou ainda a morte do pai?" Não, não superei. Quer dizer, estou aqui trabalhando, buscando ser uma pessoa melhor todos os dias. Tropeçando, errando e acertando algumas vezes. Me esforçando pra sorrir pra valer. Ser feliz.

Na verdade, acho que superei, sim. A vida nos obriga a seguir adiante. Ainda bem. Há, porém, aqueles minutos, ou melhor, aqueles segundos em que você vem na minha mente e tudo desaba. Sinto falta do seu abraço de urso, do seu sorriso, do seu tapão nas minhas costas que, muitas vezes, me derrubava no chão. Sinto falta de sua gargalhada. Do quanto as pessoas te amavam. Sinto falta de ver você rodeado de pessoas. Sinto falta das festas, das brigas, dos choros, mas, acima de tudo, sinto falta de você me ligando às 00h20 no meu aniversário, hora em que nasci.

E, estando com você ou separada de você, esta era a hora, quando eu recebia um telefonema seu com a melhor conversa. Quando recebia o seu melhor abraço ao vivo.

Hoje completo 39 anos. E, agora, estou sentindo mais falta de você do que senti nos últimos dois aniversários. A vida é engraçada, né? Quando você acha que superou algo, *boom*, aparece um tsunami e te despedaça em ondas de lágrimas. "Seja forte, Figliola, seja forte". Sim, eu sei. Até sou forte. Mas esses segundos, Babbo, esses segundos que duram uma eternidade fazem o peito doer, os olhos se contraírem e trazem uma saudade indescritível.

É então que eu escrevo. Verto palavras para me acalmar. E com a minha prosa sem nenhuma aliteração, me esbaldo nos substantivos, me encharco no verbo e suspiro nas orações. A palavra é o que me religa a você. É ela que me salva. Como se pudesse ver você todo esculpido por entre estes espaços e pontuações. As lágrimas diminuem, a respiração se acalma e o coração se aquieta. Vamos festejar, Babbo. Vamos estourar garrafas borbulhantes, vamos ser felizes!

Feliz aniversário pra mim, Babbo. Feliz aniversário pra mim.

UM ANO
SEM VOCÊ

Lembro-me de uma vez, quando eu tinha nove anos, que decidimos comer em um bom rodízio de carnes. Paramos em uma das melhores churrascarias. Famílias bem nutridas, brancas, entravam sem pestanejar. O *maître* abria a porta com um sorriso cordial e cheio de disposição.

Chegou a nossa vez. Perguntamos o valor do rodízio. Só por essa singela questão, o sorriso do *maître* se transformou em uma expressão de reprovação. E, infelizmente, o valor era algo impagável para a nossa realidade. Colocamos, como dizíamos, o nosso rabinho entre as pernas e voltamos para o carro, uma Ipanema carcomida e barulhenta.

Ficamos alguns minutos em silêncio, até você soltar:

— Um dia vamos ser muito ricos e chegaremos nesta maldita churrascaria esfregando dinheiro em todo mundo, principalmente neste *maître* idiota — você esbravejou.

— É! E vamos entrar de pijama! Bem mulambentos — completei.

— Pegar as nossas piores roupas e quando ele vier nos reprimir, a gente só mostra o montão de dinheiro.

E você terminou a nossa fantasia já caindo na risada. E rimos por quase toda a Marginal Tietê planejando a nossa vingança contra o *maître* maligno. Este era mais ou menos o nosso cotidiano.

Você, Eduardo Heitor Soban, arquiteto, com seus 45 anos. E eu, sua filha, Liv Soban, com 9.

Depois do seu divórcio com minha mãe, tínhamos formado um time. Nosso combinado era nos manter unidos, independentemente da distância que poderíamos ter um do outro. Além disso, sempre ter leveza em todos os momentos, principalmente em nossas tragédias pessoais.

. . . .

Após a sua partida, Babbo, como não precisava mais cuidar de você, pude me dedicar mais ao trabalho. Quase um ano depois, minha carreira tinha dado um salto. Por isso poderia, finalmente, entrar em uma churrascaria dessas, mas eu nunca tinha tido coragem, nem quando era carnívora, pelo simples fato de que teria que vender um rim para pagar a conta.

E, mesmo sem estar comendo carne, eu devia isso a nós. Nunca fomos pobres, aliás, sempre vivemos até bem. A filosofia da leveza nos fazia tão felizes com o que tínhamos, que todo mundo via a gente como ricos. Só nós dois sabíamos dos boletos não pagos e da grana curta que, em muitos meses, não dava para comprar o básico.

Agora, imagine você, Babbo, passar por tudo o que passamos. Eu, uma garota crescida na praia, com pés descalços, poucas roupas e no meio da natureza. Aprendi com você a ter muito jogo de cintura, ou não sobreviveria a muita coisa desta nossa vida.

E agora eu poderia entrar, finalmente, em um lugar desses. Nem acredito. Até porque nunca conquistei a perfeição em nada. Mesmo determinada, nunca consegui fazer algo 100% maravilhoso. Sempre tem uma parte errada, um defeito, um algo demasiadamente humano em minhas conquistas. Para falar a verdade, pensando agora, a perfeição – aquela chata, aquela de *showroom* – sempre nos irritou. Aquele pessoal que finge que está em um eterno comercial de margarina, que tem aquela casa excessivamente arrumada, feita só para o outro ver, era tudo o que considerávamos chato, sem vida, tedioso. Sempre evitei tirar dez de comportamento. Deslizo do ideal constantemente. Mesmo sendo jornalista formada e trabalhando com comunicação e marketing, cometo os piores erros. Em qualquer língua. A minha rebeldia com certas regras e lições e a vontade de demonstrar a minha essência humana, que, por princípio, é defeituosa, como qualquer humano, me obriga a querer criar novos caminhos para aquilo que foi preestabelecido.

O que me faz lembrar o quanto de você tem em mim. Crescer com você foi um eterno aprendizado de buscar viver aquilo que nunca dantes fora vivido ou aceito por ninguém.

Por isso, apesar de não comer carne havia anos, certo dia acordei com vontade de ir a churrascaria.

Seria o dia de nos esbaldarmos em uma churrascaria pomposa. Quase ouvi você falando para mim: "Não vá se empanturrar de salada, como você sempre faz, hoje você veio para comer carne".

Os garçons, simpáticos, olhavam para mim, na época uma mulher de 36 anos, que se achava uma garota e se vestia como tal, sozinha em uma churrascaria num domingo qualquer em São Paulo. Era uma que ficava na Rebouças, Babbo, e que sempre passávamos na frente, indo para casa da sua irmã Mima, imaginando o dia em que poderíamos entrar.

Picanha, fraldinha, *vacío*, bife ancho, o menu era extenso. Até chegar o cordeiro. O garçom veio com o espeto, se aproximou da mesa e ofereceu:

— Cordeiro?

Sem nem pensar, respondi quase gritando (é o meu jeito normal de falar, considerando que sou filhote de esloveno com italiano e espanhol):

— SIM!

O garçom me serviu o cordeiro, pedi mais dois pedaços. Ofereceu a geleia e neguei com veemência.

Olhei para o cordeiro, espetei com o garfo e cortei uma tenra fatia. Ao colocar na boca, veio a explosão de tudo que imaginava. Uma mistura de prazer, dor e amor. Não tive outra reação. Chorei.

Os garçons olharam para mim surpresos. Eu não conseguia conter as lágrimas. Mesmo que aquele sabor não chegasse aos pés do outro, ele me lembrava, com toda a clareza, de todos os cordeiros que você fez para mim.

. . . .

Então me recordei da primeira vez que você o preparou. Quando eu, voltando de São Paulo, cheguei atrasada para o almoço porque peguei a Marginal lotada. Você me ligava insistentemente. "Vem logo, Figliola, depois de muitos anos fiz cordeiro. Quero que você prove".

Já morávamos há alguns anos juntos novamente. Ficamos dos meus dezesseis anos, quando fui morar sozinha, até os meus 32 sem muito contato. A vida nos separou pra valer. Mas quando voltei para ficar com você, parece que compensamos todo o tempo perdido. E até aquele dia, eu nunca havia comido o seu cordeiro.

Cheguei às 16h15. Abri o portão automático da casa, coloquei meu carro na garagem, ao lado da sua caminhonete azul. Subi as escadas e lá estava você sentado à mesa, tomando já um pouco do vinho recém-aberto e assistindo ao canal de notícias, algo em que era viciado.

Ao me ver nas escadas, trocou imediatamente o canal para um de música, blues e bossa-nova, abriu os teus braços gigantes com suas mãos enormes e disse:

— Ê, benvenuta, Figliola!

Nos abraçamos e, como sempre, você bateu nas minhas costas com uma força de tirar um dos meus pulmões para fora e pegou a minha cara com suas grandes mãos dizendo o quanto tinha saudades.

Sentei-me à sua frente. Você logo se levantou para pegar a tal pata de cordeiro. Pôs a mesa e começou a me servir. O almoço era só a pata e o vinho. Mais nada.

Ficamos três horas comendo e bebendo. Você não comeu quase nada e eu, enamorada da carne e gulosa como sempre fui, comi a pata inteira.

A cada garfada, uma gargalhada, um sorriso, uma lágrima, uma história de vida. Éramos cúmplices. Éramos amigos. Melhores amigos.

A carne de cordeiro sempre rodeava as nossas melhores conversas. Falávamos sobre tudo. Sobre meus namorados, suas namoradas, nossa família, segredos íntimos e sobre a vida. Questões relevantes, mas as discussões mais interessantes eram sobre os assuntos mais irrelevantes possíveis.

E, após acabar vinho e carne, jogávamos gamão, xadrez ou yan, tomávamos café e íamos dormir. Com a certeza de que éramos felizardos por termos um ao outro, nossa família e nossos amigos. Sabíamos que éramos sortudos por não nos faltar comida, um teto e amor. Muito amor.

. . . .

Fazia quase um ano que você havia partido deste mundo e eu estava lá comendo o cordeiro e lembrando de você. Enxuguei as lágrimas e continuei a experimentar as iguarias que os garçons apresentavam.

Depois desse dia, me permiti comer carne quando tivesse vontade. Mas tenho cada vez menos vontade. Só quero ter a possibilidade de, quando acordar com saudades tuas, ter o direito de saborear um cordeiro para lembrar de nós.

As lembranças também vêm em outros sabores, Babbo. No seu aniversário deste ano, sempre junto com o da cidade de São Paulo, dia 25 de janeiro, quando você completaria 73 anos, pedi para minha tia Mima, sua amada irmã, fazer uma lasanha vegetariana, "nosso navio da salvação", como você dizia.

Estava ótima, perfeita para me suprir e tirar o amargor da minha boca. Tia Mima sempre consegue me animar, me levantar e deixar essas datas mais leves, como se você estivesse aqui ao nosso lado, reclamando da lasanha não ter a carne que você tanto queria.

E, hoje, depois de mais uma vez reviver um pouco as lembranças, experimentando a carne que tanto nos uniu, decidi contar para você a nossa história. As lembranças, o nosso lindo passado e a sua última semana, até o dia em que decidiu partir para a sua próxima aventura.

Alerto que a história terá o meu olhar coberto pelos "óculos de arco-íris" que a tia Mima tanto fala que eu tenho. A sua morte já é o vilão da narrativa. Aqueles que estiveram ao meu lado são os meus heróis.

RECEITA DO CORDEIRO DO BABBO

1. De um dia para o outro, tempere a pata com muito cheiro--verde, alho, vinho branco, azeite, um pouco de limão e sal.
2. Coloque a pata e o tempero em um saco próprio para comida ou numa travessa. A pata precisa estar coberta pelo tempero. Certifique-se de que todo o cordeiro esteja com o tempero, então vá virando ele, de vez em quando, para que toda a sua área marine por um tempo.
3. No dia seguinte, coloque a pata em uma travessa, leve ao forno, em fogo alto, por 40 minutos ou mais, dependendo do tamanho da pata e da potência do forno.
4. Não pode assar por muito tempo para não esturricar. A carne tem que ficar tenra e suculenta.
5. Quando estiver dourado, tire-o do forno e sirva. Com amor.

CONVERSA ENTRE A MARIA E A EVINHA

Maria Soban: Mamis? Você sabe como cozinha cordeiro?
Evinha: Que parte do cordeiro? O vovô Dedé sabe porque faz sempre. Deixa eu perguntar para ele. Tá aqui do meu lado.

Maria Soban: Não é pernil, mas não sei que parte é. Comprei um quilo disso. Preciso descobrir como faz agora hahahaha.

Evinha: O vovô tá aqui dizendo: salsinha picada, alho, sal e azeite. Passa nele todo... Ele tá dizendo que você deve ter comprado palheta. E coloca no forno. Não tem erro. Até dourar.

Maria Soban: Quanto tempo?

Evinha: Ele disse que se for um quilo, quarenta minutos. Fogo alto.

Maria Soban: Meu fogão é ruim.

Evinha: Se ficar bom, o vovô tá dizendo para fazer para ele também.

Maria Soban: Melhor preaquecer por uma meia hora antes.

Evinha: Sim, e você tem que deixar no forno até dourar. Ele disse que este é o segredo.

Maria Soban: Fala pra ele que se ninguém morrer no final de semana, eu faço para ele sim!

Evinha: Ele tá falando que é superimportante deixar ele temperado na véspera e ir colocando o tempero em tudo. Virando a palheta para pegar todo o tempero. Na geladeira mesmo.

Maria Soban: Vi uma receita parecida com isso. Só que ia vinho branco seco. Não queria comprar vinho. Hahahahaha, vamos economizar.

Evinha: Ele disse que vinho, quando você tiver, você toma.

Maria Soban: Agradece ao vovô Dedé, mamãe. Obrigada você também.

Evinha: Ele tá mandando beijo.

Maria Soban: Beijos para ele e para você.

BABBO E O MAR

BABBO E O MAR

> SER FILHA DE BABBO É TER O MAR E A NATUREZA COMO SUA RELIGIÃO. SER FILHA DE BABBO É APRENDER QUE A LEVEZA É O MELHOR CAMINHO.

A primeira lembrança que tenho da minha vida é a Cocanha. A Praia da Cocanha. Se há algo que sempre existiu em minhas memórias foi a sua areia clara e o mar calmo, verde tropical, uma das mais bonitas de Caraguatatuba, município no litoral norte de São Paulo. Já distante do centro da cidade, com casas amplas de veraneio e pousadas, Cocanha fica entre a Praia do Massaguaçu e a Praia da Mococa, possuindo duas ilhotas na frente e a Ilha do Tamanduá ao fundo. É onde você mora desde 1967, o ano em que sua filha mais velha, a Evinha, nasceu e quando você se formou em arquitetura no Mackenzie, aos 21 anos.

O interessante é que essa praia me remete sempre a sensações boas. Mesmo nos momentos tristes, Cocanha sempre foi uma personagem importante em nossas histórias. De uma certa forma, ela sempre acolhia, tranquilizava, equilibrava e nos fazia voltar a sorrir.

Quando me perguntam se tenho uma casa, se tem algum lugar em que me sinto em casa, este lugar é a Cocanha. Lá é onde meu coração se expande e a minha alma se encontra.

Tem um período, mais ou menos no pré-verão, em que o mar fica perfeito. Nem tão quente e nada frio, meio viscoso, uma água verde transparente com toques dourados do reflexo da areia. Você pode sentir, ao mergulhar nesse mar, que ele te abraça. Ao entrar nesse mar, parece que tudo faz sentido. O tempo deixa de existir, a vida passa lentamente e não há guerras, fome ou qualquer outra desigualdade. Na Cocanha, não há nada além da felicidade e do amor.

Quando criança, passava o dia no mar. O pretexto para entrar na água era o xixi. Meus dedos sempre terminavam enrugados e a minha parte de baixo do biquíni lotada de areia. A parte de cima só fui usar depois de muito tempo. Agora, a parte da sunga era o estresse para todas as mães que tinham que correr com suas filhas para dar banho e assegurar a higiene e a saúde de suas meninas. Especialmente as mais molecas como eu. Não havia possibilidade de ir à praia sem ficar com o maiô lotado de areia.

Ficava nesse mar sendo abraçada por horas. O montinho no maiô vinha do fato de gostar de me ajoelhar na beira e sentir a onda leve vir e voltar. Intercalava esse ritual com o de boiar. Quando me deitava nas águas, sempre fazia perto das tias. Porque elas faziam cafuné nas crianças enquanto tagarelavam com outras mulheres ou homens do grupo. Tia Su, Tânia, Isô, Cida, Pata, todas conversavam e aproveitavam para fazer carinhos nas crianças que ali estavam se enrugando e criando montinhos embaixo das genitais.

Tínhamos uma garagem na praia. Na areia mesmo. Bem no pé do morro que hoje abriga a nossa casa. Você fez essa garagem com a mamãe para viver a Cocanha que sempre amou. Alguns anos depois, o mar revirou e deu numa ressaca improvável e muito rara. Rara porque na Cocanha o mar nunca é bravo. Mas nesse dia ele ficou tão violento que a garagem deixou de existir. A construção foi toda abaixo. Só sobraram alguns ferros da estrutura. Lembro da perplexidade de todos nós, não por ter perdido a garagem, mas por não conseguir entender como o mar da Cocanha poderia ter ficado nervoso daquele jeito. Mesmo sendo um dia triste, você conseguiu transformar até isso em algo positivo. E logo trocou o terreno da garagem por um em cima do morro. Onde futuramente seria a nossa primeira casa lá construída.

A garagem se foi, mas, enquanto ela existiu, foi um lugar de muita festa e muita gente. E até hoje eu me pergunto como você, Babbo, conseguia reunir tantas pessoas?

Você começava as ligações no meio da semana para combinar a algazarra. E todo mundo se animava com os preparativos. No sábado pela manhã, madrugávamos na Cocanha para esperar todos chegarem. De repente, avistávamos os carros abarrotados de comida, bebida e acessórios para passar o dia. Na expressão deles, se via um misto de felicidade e ansiedade de moleque quando se vai encontrar a professora por quem é apaixonado.

E você era a professora deles, Babbo.

Os homens queriam ser como você. Você é o cara que teve mais bromances que já conheci. *Bromance*, que vem da junção das palavras brother e romance, um romance entre irmãos. As mulheres também o idolatravam e, muitas, te desejavam.

Você aparecia sempre sorridente já de sunga, camiseta, descalço ou de sandálias. Esse era um dos seus trajes oficiais, que só perdia para a famosa bermuda branca. Você tinha várias do mesmo modelo. E, quando uma virava pano de chão, logo era substituída por outra igual. Foi você que, ao ser Secretário de Obras da Prefeitura de Caraguatatuba, na gestão do Zé Dias, pediu para estabelecer uma regra permitindo que homens entrassem de bermuda no espaço público, o que até então era proibido.

E lá vinha você com um sorriso de 32 dentes, olhos cristais, pele bronzeada e seus braços abertos que acolhiam quem chegasse. Seus abraços de urso levantavam até defunto. Não sei explicar, mas era tanta energia que parecia que eu podia ser recarregada assim. Você tem esse poder nos braços. A sua irmã, tia Mima, e seu sobrinho, o Tiago, têm esse mesmo poder também.

Você conseguia levantar a moral e trazer uma energia tão positiva e pacífica à sua volta que todos — mesmo os que não se davam bem entre si — ficavam horas e horas com a gente, pacificamente. Você tinha windsurfe, veleiro, caiaque e todos os brinquedos legais do sonho de qualquer criança-adulta. Você levava todo mundo no windsurfe. Enquanto as crianças iam em pé, ao seu lado, segurando na sua coxa, as mulheres já preferiam deitar na prancha e, as mais corajosas, ao seu lado, segurando em você também. Quantas casquinhas não foram tiradas nesse windsurfe, hein, Babbo?

Ao relembrar essas histórias, entendo o quanto a minha mãe foi porreta em estar ao seu lado. Ser sua metade não era para qualquer pessoa. Tinha que ser muito solar também. O que ela sempre foi. E os homens sempre me disseram que ela era uma das mulheres mais bonitas que já conheceram.

Não dava para ser pequena ao seu lado, Babbo. Por isso que você se casou com ela. Ela, além de linda, era espoleta. Eu lembro de me contar quando se apaixonou por ela. Você dava aulas de matemática para o colegial. Era o professor mais jovem da escola. Estava no começo da faculdade de arquitetura e decidiu dar aulas noturnas para ganhar um dinheirinho.

A rotina era chegar antes da aula e logo ir tomar café no bar da frente. O seu era especial, um *corretto* à brasileira. Em vez da versão italiana com *grappa*, era com cachaça mesmo. Um dia, o atendente soltou uma informação inesperada:

— Só você e mais uma moça que pedem este café.

— Ah é? Quem seria?

— A Maria Alice. Acho que você dá aula para ela.

E, desde então, você se encantou. Quem seria essa Maria Alice? Você logo queria conhecer a menina que bebia o café *corretto* tupiniquim. Por ser sua aluna, foi logo ver a lista de chamada e relembrar da moça de olhos claros e cabelos castanhos. Logo a chamou para sair. E, depois que vocês se conheceram, viveram intensamente por 23 anos.

. . . .

E, assim, o dia passava na Cocanha.

Você fazendo as pessoas terem experiências incríveis naquele mar acolhedor, fosse no windsurfe ou no veleiro, e todo mundo saía mais feliz, mais energizado, mais completo.

Esse mar era seu combustível também. Você sempre dava um jeito de encontrá-lo para se reabastecer e seguir o seu caminho.

Você sempre foi luz. E precisava estar rodeado de pessoas. Suas caras-metades precisavam saber lidar com essa luz e essa relação com os outros.

Triste foi descobrir que, nos últimos anos, você parou de ir à praia. Você estava num relacionamento abusivo de ambas as partes e no qual os dois acabaram se tolhendo muito. Suas asas foram cortadas e sua energia, sugada.

Quando a sua então namorada foi embora, te deixou, dizendo que você estava com Alzheimer, entre outras graves acusações, você me ligou:

— Ela foi embora, eu não tenho mais dinheiro, não tenho mais vontade de viver, não quero mais nada, não sei quem sou, venderei esta casa pela metade do valor venal, vou usar o dinheiro e me matar.

Aquilo me soou tão não você que, até entender como aquele ser solar teria chegado àquele raciocínio, demorou. Muito dolorido e difícil para mim. Confesso que fiquei por dez minutos estática, tentando absorver aquelas palavras. E eu entendi: não havia mais tempo, agora eu precisava cuidar de você. Não era a primeira vez que você me chamava — toda a vez que você terminava com alguém, pedia para eu descer para o litoral por uma semana e ficar com você ali, recolhendo seus caquinhos e te colocando de novo nos trilhos.

Mas, desta vez, o trem tinha descarrilhado de tal forma que, quando achei que havia conseguido te colocar nos trilhos de volta, o câncer chegou e te levou.

Após o choque dessa ligação, não pensei duas vezes. Como sempre, larguei tudo o que tinha em São Paulo, minha carreira, minha vida, pois precisava ir embora para ficar com você. Não apenas por uma semana, como nas outras vezes. Agora, precisava mudar a minha vida, morar com você. Apesar de não assumir, você sabia que precisava de cuidado. Muito cuidado.

Quando cheguei no litoral, encontrei um Babbo inchado e sem a sua marca registrada: o brilho nos olhos. Isso me assustou muito. Te abracei. O abraço de urso, dessa vez, foi meu.

— Vamos para o mar — eu disse.

— Não quero.

— Chega de sabotagem. Vamos!

— Eu estou gordo.

A sua vaidade, apesar de tudo, nunca foi embora.

— Para de mimimi. Põe a sunga e vamos. Seremos só nós e as marias-farinha na praia, vamos!

A contragosto, você pôs a sunga e descemos para a areia. Realmente só havia as marias-farinha caranguejando e nós na Cocanha. Entramos no mar, você deu um mergulho bem longo e demorado. Foi ao meu encontro e me abraçou.

— Obrigado por me resgatar, Figliola.

E, desde esse dia, não desgrudei mais de você até o dia em que partiu nos meus braços. Eu tinha a minha vida, meus trabalhos em São Paulo, só que, a partir daquele dia, o meu tempo foi seu. Você foi minha prioridade.

> "Tenho um amigo que nunca quis ter filho. Hoje, ele tem dinheiro. Eu não. Mas ninguém no mundo terá a mesma riqueza que eu tenho com as filhas que ganhei do Universo. Não há dinheiro, status ou nada que substitua essa dádiva. Sou milionário de filhas. E não é essa a riqueza que realmente importa?"

COCANHA

> SER FILHA DE BABBO É
> CURTIR CADA MINUTO,
> PORQUE O MOMENTO É
> O AGORA E NADA MAIS.

Nós sempre vivemos na Praia da Cocanha. Depois da garagem, onde passávamos grande parte do tempo, mesmo não morando lá, veio a casa número 1 e depois a número 2. A número 1 foi feita por você e pela mamãe, mas depois que se separaram, vivemos um pouco lá e depois resolvemos nos mudar.

Mudávamos de casa como trocávamos eu de calcinha e você de cueca. Até os meus quinze anos havíamos morado em seis ou sete casas, todas em Caraguatatuba. Foi quando começamos a construir outra casa também em cima do morro, num terreno que vocês haviam comprado fazia tempo. Casa esta que fica na rua que leva o nome de seu pai, meu avô, Rua Raymundo Soban. Mesmo um tempo longe, a Cocanha nunca saiu da gente. Nem a gente dela.

Sabe por quê, Babbo? Porque você sempre aproveitou o dia. Você é, sem dúvida alguma, o embaixador do *carpe diem*. Você nunca deixou para amanhã o que se podia festejar hoje.

Na véspera de completar setenta anos, um ano antes de descobrirmos o seu câncer, começamos a comemoração com um delicioso *prosecco* que eu havia levado, e você logo sugeriu abrir também uma segunda garrafa.

— Mas, Babbo, esta é para amanhã, para comemorarmos o seu aniversário.

— Figliola, amanhã pode vir um tsunami e acabar com tudo, então por que guardar a garrafa para amanhã? Vamos viver o agora.

E abrimos o segundo *prosecco*.

Aproveitar a vida. Não conheci ninguém mais budista ou zen espiritual que você. Sem religião nenhuma e totalmente avesso aos dogmas. De vez em quando, porém, quando o medo daqueles que cega e dá calafrio chegava, você acendia uma velinha para o seu anjo da guarda e recitava um Pai-Nosso. E este era seu segredo, nem tão mais segredo assim.

Viver o agora fez de você um dos seres mais jovens e crianças (muitas vezes até trocamos os papéis) do que muita gente aí que não chegou na segunda década. E podemos tirar o chapéu para a genética (amém), pois você sempre teve saúde de ferro para o pouco cuidado que teve com ela. Ou seria viver o momento o melhor cuidado que se poderia ter? Mesmo indo embora jovem, Babbo, você viveu muito mais que muitas pessoas que conheço e acham que viveram muito... Descobri, com você, que quantidade não tem nada a ver com qualidade.

E a sua saúde sempre foi boa porque você sempre odiou falar sério, o-d-i-o-u. Nunca soube lidar com nenhum problema e só quis saber de amor e coisas do bem. Sofria com a injustiça e não era muito chegado na ignorância e muito menos na cegueira.

Eu, que passei 36 anos ao seu lado, sou uma filha muito sortuda. Incluindo as vezes que queria matar você (e você, a mim, porque somos pessoas bastante dramáticas), sou incrivelmente sortuda porque você sempre foi um constante ensinamento de que o agora é o que importa. O momento. O resto é o resto. Simples assim. Esta, para mim, é a sua poção da felicidade, Babbo. Razão pela qual você sempre foi o Rei da Cocanha. As nossas casas, todas elas, sempre estavam lotadas de amigos. Não me lembro de nenhuma delas vazia. E quando estavam, logo dávamos um jeito de enchê-las novamente. Você sempre teve essa capacidade de juntar pessoas. Acho que eu puxei isso de você.

Mesmo morando longe, seus amigos vinham de onde estivessem para te ver e passar o final de semana com a gente. Você era o Oásis deles. Eles viam em você o que queriam ser, como queriam viver. Você construiu o seu País Imaginário, a sua Cocanha. E as pessoas, que não tinham coragem de fazer o mesmo, vinham gozar deste paraíso de tempos em tempos. Elas se saciavam com as delícias deste local imaginário que se consolidava em cima — pasmem — de um morro em Caraguatatuba. E, no domingo (alguns mais ousados na segunda de manhã), voltavam para as suas vidas enquadradas em padrões e regras. Até chegarem ao limite novamente e passarem algum outro tempo se reabastecendo de energia em casa. E assim era o ciclo dos seus amigos.

A porta de casa nunca ficava fechada. As pessoas simplesmente entravam. Não avisavam que vinham, apenas chegavam. E você as recebia sempre com dois braços abertos, aquele seu sorriso que nos fazia acreditar que o melhor estava por vir e o seu abraço forte, que era uma surra de amor a quem fosse o privilegiado em te abraçar.

Sempre acordei com gente na sala ou na cozinha preparando café. Às vezes, tinham caras novas que nunca tinha visto, mas sempre estavam lá, felizes. Todos eram sempre muito felizes. Eu lembro muito das risadas, das conversas, do passar tempo junto.

E por você ter me criado sozinho, todo mundo se preocupava em me criar também. Era muito engraçado ter um monte de pais, mães e tias. Fui criada por muita gente tentando te ajudar a me criar.

"Tudo tem que ser leve e feliz. Sempre."

Nunca soubemos do significado do nome Cocanha. Alguns anos depois, comprei o livro do Hilário Franco Jr., *Cocanha: várias faces de uma utopia*, e você ganhou de algum amigo uma resenha ampliada e enquadrada da Fátima Toledo sobre esse mesmo livro. Esse quadro-resenha está na nossa casa da Cocanha até hoje, porque só reforçava o mundo que você criou para si mesmo e para os seus.

E não tem como me esquecer do famoso "Paralelos do Ritmo": seus amigos — Moisés Wainer, Plínio, Cuspet, Gugone e Ricardão — que, quando se uniam, era uma curtição só.

Nas manhãs, o Plínio era o primeiro a acordar. Lavava a louça e fazia o café, sempre todo enérgico. Em seguida, vinha o Moisés, que fatiava os frios ou preparava o boldo para o grupo. O Cuspet dava uma ajeitada na casa, o Ricardão aparecia em seguida, porque dormia na casa dele e já trazia pão fresquinho. E, você, aparecia logo depois, sempre todo devagar, meio ranzinza, com aquela cara amassada que só quem acorda de cara amassada entende.

Era assim a casa que você construiu junto com a mamãe quando ainda eram casados. Você e a *mammuccia* sempre foram considerados o casal vinte. Lindos, companheiros, faziam tudo juntos. De maratonas marítimas no catamarã ainda 14 pés, extensas caminhadas pela manhã (vocês iam para São Sebastião a pé, para Ubatuba a pé...) até montar o primeiro bloquinho de carnaval de Caraguatatuba, chamando "Notei no Seu Semblante". Na festa, no trabalho, no dia a dia, vocês eram imbatíveis. Ou quase.

É incrível como a vida nos faz mudar tanto — ou nós mudamos tanto com a vida. O que era indestrutível, de repente, ficou mais frágil que papel de arroz.

Bom, a casa era muito legal! Com vários andares e níveis, num terreno muito íngreme, um morro no meio da Mata Atlântica. Para se chegar na casa, era preciso subir uma rampona e, ao lado da subida, tinha um jardim com árvores nativas e um lago, em que a mamãe colocava uns patinhos fofos para viver por lá. Ao chegar na garagem, a gente podia entrar pela escada principal ou podia entrar pela oficina, que tinha uma escada Santos Dumont para subir até a sala (para quem não sabe, é uma escada com um degrau para cada pé, e você é obrigado a alternar os pés para subir ou descer — ou seja, se começa com o pé esquerdo, não consegue subir usando o direito e vice-versa).

Havia também um trenzinho ao lado direito, usávamos para subir as compras (meus amigos e eu já aprontamos muito nesse trem, levando de tudo, menos compras).

A sala tinha três níveis, que se separavam com dois degraus. Dando para a sala de estar, uma piscina maneira com deck e dois metros de profundidade. Depois, um lance de escada, por onde se chegava à sala de jantar, depois à cozinha e à despensa, e então à área do forno e fogão à lenha, à horta e ao trenzinho. Voltando à sala de jantar, se subisse mais um lance de escada, dava para os quartos, o meu e o da minha irmã — o meu tinha um mezanino com uma escada de madeira também Santos Dumont — e, mais um lance, a suíte de vocês.

Depois da separação da mamãe, você vivia muito mais rodeado de gente. Parecia que ninguém queria te deixar sozinho. Nessa época, com os "Paralelos do Ritmo", a casa ia acordando aos poucos. Cada um fazendo uma tarefa e preparando tudo para a esbórnia que logo iria recomeçar.

. . . .

Um belo dia qualquer de verão, que dava para sentir um silêncio gostoso da manhã, com o sol nascendo e uma sensação de paz por estarmos vivos, o Gugone, um publicitário afiadíssimo, desceu as escadas por último entre todos os seus amigos e gritou:

— Dedé, Dedé, as crianças não comeram! Dedé, quem são esses seus amigos todos com a mesma camiseta? Dedé, os cachorros sujaram toda a casa, acabou o papel higiênico... Dedé, faça alguma coisa!

Dedé era você, Eduardo Soban. Todos os divorciados começaram a murmurar poucas palavras, ficaram tensos e um silêncio estranho se fez na casa.

Até que o Gugone soltou uma gargalhada e, depois de alguns segundos, todos caíram na risada pela piada infame feita logo de manhã. E tenho certeza de que se fossem todas mulheres, as piadas seriam quase as mesmas, mas o fato é que fui criada assim, mais rodeada de homens do que de mulheres.

Quando seus amigos iam embora, ficávamos — você, os cachorros, eu e até a casa — deprês total, lembra? A gente demorava para se adaptar. Por isso que as nossas segundas-feiras sempre eram odiosas. O dia do *slow motion*. Nunca fui fã de segundas-feiras por causa disso. Tínhamos sempre um final de semana maravilhoso, você promovia um sábado e domingo dos sonhos para muitas pessoas e, na segunda, estávamos exaustos, muito felizes, mas exaustos de termos que nos adaptar à rotina que tanto odiávamos. São tantos os amigos que você sempre teve histórias e histórias para contar. Só com o Laertin, há milhares. Aliás, deveria ter um livro à parte só dos seus amigos.

O Laertin veio de Marília para conhecer um arquiteto louco que queria mudar a cidade de Caraguatatuba. Esse arquiteto era você. A primeira vez que ele foi até seu escritório, a secretária disse: o Dedé não está, foi velejar. Na segunda, "ih, ele foi caminhar até São Sebastião". E o Laertin pensou: quem é esse arquiteto que não trabalha e ainda tem fama de ser o melhor? Até que vocês finalmente se conheceram e viraram superamigos. Teve uma vez, numa fase em que você e a mamãe estavam vegetarianos, que você brigou com a mamãe e a Nê (mulher do Laerte) com o marido. Daí vocês decidiram trocar de mulher no almoço. Você foi almoçar na casa do Laerte e vice-versa. O que foi ótimo para você porque era dia de carne na casa deles (naquela época, era muito difícil comer carne todo o dia e aquele era o dia) e você se esbaldou. Já o Laerte teve que se contentar com o tofu e os vegetais que a minha mãe havia cozinhado. A frase principal do Laertin era: "Dedé, filho da puta".

Vocês sempre foram do bem, pessoas de caráter e sempre tentavam fazer algo pela cidade, mas levavam muitos rebotes, dos mais pesados e sujos. Até que desistiram. O Laertin voltou para Marília e você continuou aqui, tentando, dentro de suas possibilidades, fazer algo por uma cidade que sempre te admirou, mas pouco te compreendeu ou reconheceu.

Quando você começou a morar com a Tânia, daí que te entenderam ainda menos.

Sua grande amiga Tânia. A Tânia foi minha segunda mãe. Depois que você se separou da mamãe, ficamos cada vez mais unidos. Vocês já eram muito ligados, mas ficaram ainda mais. Eram companheirinhos. Uma amizade linda que não existia. Chegamos a morar juntos. Você, eu, a Tânia e o namorado dela na casa da Martim de Sá, outra praia de Caraguatatuba. Nos considerávamos uma república feliz.

A Tânia era uma mulher muito à frente de seu tempo. Ela sempre usou cabelo curto, tinha um jeito de se vestir muito moderno, pois naquela época quarenta/cinquenta anos já era considerado velho. A Tânia e você nunca foram velhos. Mesmo com a idade considerada socialmente ultrapassada, vocês sempre foram visionários. A Tânia perdeu os dois maridos dela. Era viúva. Dois grandes amigos seus. E, com eles, tinha três filhos. Nos consideramos irmãos até hoje. Vivemos tantas coisas juntos que os considero minha família.

. . . .

Foi com ela que tive minha menarca, fiquei mocinha aos catorze anos. Você, todo orgulhoso, ligou para todos os seus amigos contando o que havia acontecido. Acho que nunca senti tanta vergonha na minha vida. As pessoas, quando me viam, falavam bem alto: "Ah! Seu pai me contou que você já é mocinha!"

Queria ser como um avestruz para enfiar minha cabeça dentro do buraco e nunca mais sair de lá. Mas você sempre foi assim, aberto. Contava, com orgulho, dos meus passos, sejam eles quais fossem.

A Tânia, por criar três meninos homens, e não ser muito princesa, me ensinou tudo de uma forma bem ogra, assim como você. Então, digamos que, como menina, eu sempre fui bem fora do padrão. Não sei pentear cabelo até hoje, sou estabanada. De tanto ouvir vocês conversarem, sei que hoje falo mais palavrão que vocês dois juntos. Não sei falar baixo, não sei rir baixo, não sei me comportar bem à mesa... Eu fui uma menina criada por lobos, descalça, com poucas roupas, livre e muito feliz. Hoje até faço tudo ok, mas tenho aquele jeitinho diferente que, se me colocassem ao lado de uma bailarina, veriam que sou exatamente o oposto dela.

A Tânia era incrível. Uma mulher porreta. Toda vez que ela chegava a uma paisagem mirabolante, abria os braços e gritava "Ô, lugá!". Característica essa que adotamos para todas as vistas bonitas que víamos e tiravam o nosso fôlego. Infelizmente, ela se foi cedo também. Bem antes de você. E nos restou apenas muitas memórias e histórias para contar.

> Amigo que é amigo não avisa, chega de surpresa. Amigo é aquele que, não importa a distância ou o tempo, com uma ligação ou qualquer contato, tudo volta como sempre foi. Amigo é o que faz a gente ser a gente mesmo. Faça o que quiser na sua vida, mas nunca esqueça ou deixe seus amigos de lado... Uma vez ou outra, deixamos nossos amigos de lado. Se posso dar um conselho, escolho este: seus amigos devem sempre estar ao seu lado.

TE
ODEIO

Quando eu tinha doze anos, morávamos na Rua Paul Harris, no centro da cidade. Ao lado do Shopping da Avenida da Praia de Caraguatatuba, que nem existia ainda. A casa, alugada, tinha as paredes tão craquelentas que tudo que pendurávamos nela caía.

Nunca me esqueço do triliche suspenso que você fez no meu quarto. Mudamos tanto de casa após a separação tua e da mamãe que, em toda casa nova, você fazia de tudo para me construir um quarto superdivertido. No desta casa, você desenhou um triliche suspenso super maluco, uma escrivaninha lindona com meu nome feito de madeira formando uma prateleira e um armário todo diferentão. Eu havia amado. As cores, as formas triangulares que se encaixavam com outras figuras geométricas. E você dizia que tinha ficado *art déco* demais para o seu gosto.

— Babbo, eu sei que você odeia *art déco* e acha muito cafona. Mas eu não ligo, tenho doze anos e posso ser cafona, sem problema — ria, enquanto você resmungava meu gosto nada elegante.

Era uma dessas manhãs chuvosas de litoral. Se eu tinha doze, você, 48 anos. Não havia amanhecido. O dia ainda estava escuro. Eu me levantei da cama, do tal do triliche, que deixou de ser suspenso, depois da primeira noite dormida nele. Tinha acabado de me deitar, não deu nem cinco minutos, e o triliche despencou no chão – as paredes daquela casa não aguentavam absolutamente nada mesmo (depois, você colocou pés para que sua engenhoca não matasse sua filha).

E, naquela manhã, não só você já estava acordado como já fazia café. De manhã, você era completamente hidrofóbico. Lembro de você fazer o café quase com as pontas dos dedos pra ter o mínimo contato possível com a água.

Olhei para você com um riso de canto de boca que você não havia percebido, planejando algo. Gostávamos de pregar peças, azucrinar um ao outro, acho que fomos um dos embaixadores do *bullying* familiar, a contínua tiração de sarro. Se um levantava a bola, o outro cortava sem dó nem piedade. Perdíamos tudo, menos a piada. Esta era sempre a vencedora.

Bom, o piso de baixo da casa dava para a área dos cachorros. A Ailah, nossa pastora-alemã marombada, estava lá, meio molhada, meio seca, colocando as patas sobre um dos apoios da porta de metal, que separava a lavanderia do quintal dela. Abanando o rabo, quase sorrindo de felicidade e com aquele olhar de "por favor, deixa eu entrar e me esfregar em vocês!". Naquele momento, tenho certeza de que a Ailah estava se achando muito perfumada, apesar de estar realmente com aquele cheiro de cachorro molhado de chuva, que é um pouco fedido e estranho, aquele cheiro peculiar que só quem tem cachorro em casa sabe o que significa.

Simplesmente abri a porta e deixei a Ailah entrar:

— Ailinha, vai com o papai, vai!

E a cachorra foi trotando se esfregar toda molhada em você, enquanto eu, subindo a escada até a cozinha, gritava: "Eu te odeio! Te odeio". E fui para o banheiro tomar banho como se nada houvesse acontecido.

Você deve ter respirado fundo algo em torno de vinte vezes enquanto a cachorra de quarenta quilos se esfregava em você, te molhando inteiro e deixando aquele odorzinho bacana.

Calmamente, você pegou a Ailah pela coleira, levou-a para baixo. Aproveitou que estava na lavanderia, pegou um balde e subiu pra cozinha. E então o encheu de água com pó de café, vinagre e mais outro tantão de coisas nojentas. E me chamou.

— Livvvvvv. Livvvv. Livzinha, amorzinho, vem aqui, vem...

Eu, que estava entrando no banho, me enrolei na toalha, fui para ponta da escada que dava visão para a cozinha e, quando ia gritar "O quê, falaaaaa", uma gosma veio em minha direção e, de repente, *splash*! Você me deu um banho com todas as coisas asquerosas que tinha colocado naquele balde.

Eu me percebi toda molhada, cheia de coisa nojenta em cima. Olhei para você e caímos numa gargalhada sem fim. Rimos muito, de tirar lágrimas dos olhos. Você voltou para a cozinha e eu para o banheiro e gritamos em uníssono:

— Te odeio!

E assim o *"Te Odeio"* nasceu. As pessoas nunca entenderam quando bradávamos em público que nos odiávamos, acompanhado sempre de muitos palavrões.

. . . .

Toda vez que alguém ouvia eu dizer a ele algo como "Te odeio, seu filho da putinha mór", me podavam com o clássico "Não fala assim do seu pai, menina!" e uma repressiva expressão no rosto.

E era quando ele entrava na conversa:

— Ô querida, minha filha acabou de fazer a maior declaração de amor que um pai pode receber. Uma declaração sem ser polida ou aceita pela sociedade, algo que só nós e algumas poucas pessoas podemos entender.

Depois de um tempo desistimos de nos explicar. Continuávamos sendo nós mesmos e não ligávamos mais para o resto. Os amigos, os que tinham a nossa essência, aderiram ao ódio supremo e entraram na brincadeira. Até hoje, mesmo você em outro planeta, continuamos a pregar o "Te Odeio" e a sermos mal interpretados. Ainda bem.

"Ser mal interpretado pela sociedade média é o maior elogio que algum ser humano pode receber em sua vida."

Não me esqueço até hoje de quando você esteve na UTI, depois da segunda operação — devido à septicemia que teve —, tendo ficado em coma por 36 horas ou mais. Os médicos chegaram a achar que você não voltaria mais. Mas *hooligan* do jeito que é, voltou. Quando acordou, estava entubado e realmente odiando tudo.

Era a segunda noite que eu dormia na recepção do hospital. A minha prima Dushka estava comigo. Às cinco da manhã do segundo dia, ela veio correndo, me sacudiu e gritou:

— O Babbo acordou! O Babbo acordou!

Saltei do sofazinho da recepção e subi as escadas daquele hospital em milésimos de segundos. Ao entrar na UTI, vi você todo entubado, mas com os olhos azuis mais arregalados e despertos do que nunca.

— Tem ódio aí para mim, Babbo?

E você acenou que sim com a cabeça.

Cheguei mais perto. Você me olhou bem fundo com seus olhos cor de piscina já não tão radiantes como sempre foram, levantou sua mão amarrada — porque se não fizessem assim, você tentava arrancar as sondas que estavam em seu nariz e boca — e fez o sinal da tesoura em movimento.

— Me desliga, me desliga!

Era o que você gesticulava com a boca.

— Babbo, eu não posso fazer isso.

— Você prometeu que não me deixaria neste estado — replicava.

A dor era tamanha e você estava tão lúcido que pediu para desenharmos um alfabeto em uma cartolina para que pudesse se comunicar.

"Eu quero morrer", foi a primeira frase escrita. "Me desliguem".

"Deixe-me ir embora", foi a terceira frase escrita por você.

Eu limpei minhas lágrimas, apertei suas mãos e saí para chorar com meus primos, a Dushka e o Tiago, contando aos dois:

— Ele quer ir embora. E ele precisa ir embora.

Naquele momento, olhei para o chão e não havia mais chão. Senti pela primeira vez a sensação de queda livre sem ter nenhum paraquedas preso às minhas costas. Só caía esperando logo o chão chegar.

Chorei. Mas não eram lágrimas de desespero. Eram lágrimas do vazio que a sua morte iria deixar. Simplesmente não estava preparada. Você chamou a família toda para te ver. E os amigos mais próximos. Todos chegaram para te ver.

É uma dor estranha esta que se sente, Babbo, a da morte anunciada. Não é que foi de sopetão, *boom*, aconteceu um acidente e alguém morreu — acho que deve ser absurdamente mais difícil, porque não dá tempo nem de se despedir. A dor da morte anunciada é algo que você sabe que vai acontecer, porque, enfim, todos sabemos que iremos morrer, mas percebemos, neste momento, o quanto somos apegados a tudo deste planetinha Terra aqui.

O fato de ter que me obrigar conscientemente a me desprender de você era algo tão inconcebível que, de verdade, não sei até agora como eu consegui deixar você ir.

De tanto ficar nesse vazio, tentando entender este sentimento, em um certo momento, estava na recepção e decidi falar contigo.

Subi os quatro andares de escada que davam para a UTI. Entrei na UTI. Lá estavam a sua irmã mais nova, tia Eva, e o Tiago. Olhei nos seus olhos azuis já sem brilho, peguei na sua mão lotada de agulhas e sondas, apertei-a e disse:

— Eu estou aqui para o que quiser. Quer morrer, morra. Mas você terá que fazer isso sozinho. Eu não posso te desligar. Quer ficar, fique. O que você quiser, eu vou te apoiar e sempre estarei ao seu lado. Fizemos um juramento há 25 anos e somos um time. Nunca vou te abandonar. Nem agora, nem nunca. Mas você tem que fazer isto sozinho.

Você olhou para mim com seus olhos azuis que imediatamente voltaram a brilhar. Meu corpo começou a ficar quente. Muito quente... Eu senti você entrando em mim e pegando uma parte da minha vida.

— Babbo, eu estou aqui. Para você. Decida. E eu te apoiarei.

Naquele momento, seus olhos retomaram o brilho de diamante e, apertando minha mão, você moveu seus lábios:

— Eu quero ficar.

Tia Eva começou a chorar.

— Eu vi ele ressuscitar agora nas suas mãos, Liv — disse a tia Eva chorando.

O Tiago já estava no canto da cama, segurando seus pés e chorando de emoção.

Te abracei forte e disse:

— Vamos sair daqui, Babbo. Força.

E saímos. Para você encerrar a sua história como devia. Na sua casa. Na sua Cocanha. Do seu jeito e de mais ninguém.

QUANDO O ARREPENDIMENTO FALA

Q uero *carpaccio*.
Estávamos em Caraguatatuba, no meio do seu último verão. Além do trânsito insuportável para ir a qualquer lugar com a cidade cheia de turistas, não havia restaurante que preparasse um *carpaccio* decente. Teríamos que achar um filet mignon para prepararmos.

Um dos meus arrependimentos é esse bendito *carpaccio*. Não conseguimos comprar filet mignon ou fazer nada comparável ao que você merecia.

Foi a única comida que você pediu e a única que não conseguimos preparar para você. Nesta nossa jornada, infelizmente, esse não é o único arrependimento que tenho.

O outro aconteceu quando decidimos ficar um tempo na cidade de São Paulo para cuidarmos de você. Depois da sua septicemia, você voltou muito debilitado. O médico havia colocado a bolsinha de colostomia, ou seja, as suas necessidades eram feitas nesse saquinho. É incrível como o câncer de intestino, além de muito letal, expõe a olhos nus uma questão que todo mundo esconde da sociedade. Afinal, quem gosta de ficar vendo cocô? E para você, sempre muito vaidoso, aquele saquinho de bosta foi como a morte.

Você estava muito assustado com aquela nova condição, e o hospital nos deu alta sem preparo algum para cuidar de você. Assim, estávamos nós dois apavorados com aquela situação. E eu, muito nervosa, por ver essa decadência gradativa do meu herói.

Eu só queria resolver tudo, virei a senhora da operação, prática, direta, sistemática, tudo para não lidar com o sentimento de impotência perante um monstro que não tínhamos noção de sua magnitude.

Naquela época, eu trabalhava o dia inteiro, em jornada de tempo integral. Sendo consultora, não podia parar de trabalhar, até porque era o que nos sustentava. Até hoje não sei como consegui seguir trabalhando e, ao mesmo tempo, cuidar de você. Se bem que meus clientes foram muito generosos, e entendiam a minha falta de performance. Você conseguia dormir de manhã, mas à noite, como sempre, seus medos apareciam e era uma luta grande para fazer você relaxar.

Chegamos à conclusão — a família toda — de que era melhor ficarmos na cidade de São Paulo. A tia Mima, como sempre, nos hospedou. Sua irmã tem esses apartamentos enormes antigos em que os quartos são gigantes. Daqueles suficientemente grandes para acomodar muitas memórias. Ah, se aquele apartamento falasse. Acho que todos da nossa família já moraram lá. A tia Mima é o tipo de pessoa para quem você pode sempre pedir ajuda. E ela não só ajuda, mas também te impulsiona. Ela tinha preparado um quarto com duas camas para que ficássemos juntos.

Na terceira noite, estávamos em casa e eu sem dormir há 72 horas. Havia te deixado todo arrumadinho, com a bolsinha certinha e fui dormir. De repente, você começa a gritar. Pulei da cama como um raio e fui te ver. Você estava sentado, a cama toda cheia de cocô. Gritando de pânico, me mostrava as suas mãos — que sempre foram grandes, mas agora pareciam de uma criança —, para que eu tirasse você de lá. Só que não dava para ser assim de uma hora para outra, eu tinha que preparar cadeira, banho, lençóis. Eu estava sozinha, era de madrugada, sem dormir direito e numa situação horrível para uma filha. Nem sabia por onde começar, a cena era muito degradante, e ver você naquela situação, chorando e pedindo ajuda, me levou ao meu maior arrependimento de todos os tempos: eu dei um tapa na sua mão. O pior foi que você aceitou o tapa e se resignou. Parou de gritar. O que hoje me deixa ainda mais arrependida.

Seguimos na operação:

— Calma! Calma! — bradava. — Assim é que eu não consigo!

— Por favor, filha, me tira daqui!

— Babbo, estamos juntos, vamos pouco a pouco, ok? — pedi.

— Ok.

Preparei a cadeira de banho, levantei você, limpei o que conseguia, te coloquei na cadeira e levei para tomar banho. Dei um banho quentinho e fui limpando toda a parte do seu corpo sujo com todo o carinho do mundo. Eu estava exausta... Limpar você com cuidado era uma tentativa — em vão — de limpar a minha consciência.

Te sequei com muito cuidado. Troquei sua bolsinha. E foi quando percebi que sua pele começou a encher de ferida e, por isso, a bolsinha não aderia à pele, praticamente em carne viva.

— Amanhã nós vemos alguma solução para você não ficar assim, ok?

— Ok.

Coloquei seu pijama e te levei para o quarto para não passar frio. Estávamos em junho e o clima já era difícil de suportar. No quarto, troquei sua roupa de cama com todo o zelo possível, cobrindo a cama com saco plástico para não sujar o colchão. Todos os seus cobertores estavam sujos, dei os meus para você. Te coloquei na cama, beijei a sua testa e você incrivelmente dormiu a noite inteira. Já eu não consegui pregar os olhos. Não era nem pelo frio. Era por esse tapa que até hoje me persegue.

No dia seguinte, você acordou às cinco da manhã:

— Figliola, vamos tomar café?

Eu, sem pregar os olhos e com muito frio, disse, sem pestanejar e com aquela estranha calma de quando tudo está ruindo e a tranquilidade é a única coisa que conseguimos sentir, porque já não há forças para nada mais:

— Vamos, sim, Babbo.

Milagrosamente, a sua bolsinha estava intacta. Na cozinha, preparando o seu café, pensei que você ainda tinha vontade de comer. Você estava numa fase que adorava pão com manteiga e café com leite. Nunca gostou de café com leite na vida, mas, ultimamente, era o que queria comer. Molhava o pão no café com leite e comia. Feliz. Parecia que tudo o que tinha acontecido na noite anterior não fora computado na sua mente. Você estava feliz, às cinco da manhã, por estar comendo um café da manhã preparado pela sua figliola. E isso bastava.

Como você demorava séculos para comer, ao terminar o seu desjejum, o sol já começava a aparecer. Te levei para a sala para sentir um pouquinho os raios da manhã.

Aos poucos, a rotina matinal do apartamento começou. A Eli, assistente da tia Mima, chegou. A Dushka e a Mayu também – minhas duas primas eram diretoras de arte e trabalhavam em um estúdio de criação instalado no apartamento. Quando minhas primas olharam para a minha cara, ficaram assustadas. Eu parecia uma pintura de Picasso. Meu nariz estava na testa, minha orelha no olho e assim ia.

Como você dormia pouco à noite, às dez da manhã pedia para dormir um pouco. Te coloquei na cama e voltei para a cozinha. Olhei para as meninas e comecei a chorar.

— Liv, você não pode continuar assim. Você precisa descansar — falou Mayu.

— Eu bati nele — dizia com voz trêmula. — Eu bati nele.

— Tudo bem, acontece. Foi um tapa na mão. Calma, não se puna tanto por causa de um tapa na mão — respondeu Dushka.

A Dushka é sete anos mais nova que a Mayu e sete anos mais velha do que eu. Chamo a Dushka de um monte de jeitos diferentes, Dushi, Prettuccia, Preta, Porcupine. A Dushka estava para mim assim como a Mima estava para você: my person.

A Dushka continuou:

— A situação toda é muito complicada.

Então, tia Mima sugeriu:

— Liga para a Evinha, fala para ela vir te ajudar. Dividir um pouco com você.

— Que ótima ideia! Não havia pensado nisso.

Foi quando liguei para minha irmã, Evinha. Pedi para ficar alguns dias com a gente porque eu não estava dando conta. E ela veio no dia seguinte. Quando chegou, chorei mais uma vez de cansaço e dormi as primeiras oito horas seguidas em cinco dias.

No dia seguinte, acordei até sobressaltada porque não acreditava que não havia nada para fazer. Confesso também que com um tico de remorso por deixá-lo com minha irmã. Este meu defeito de querer controlar tudo atrapalhava a relação de vocês dois. Não permitia que nada acontecesse sem minha aprovação. Até que fui largando mão. E o remorso passou para alívio e de alívio para uma felicidade por ver vocês dois terem uma relação que nunca conseguiram construir no passado.

Minha irmã, Evinha, tem uma paciência do tamanho do Universo e está sempre em expansão. E você, muito espertalhão, se aproveitava dessa qualidade dela. A sua carência se expandia, e acho que você chamava o nome da Evinha algo em torno de quinhentas vezes ou mais por dia. E ela atendia todas as vezes.

O bonito era ver como vocês criaram uma relação — totalmente diferente da nossa — linda e unida. A diversão de vocês era me encher. E eu deixava porque era quando você dava as risadas mais gostosas. Já estavam um tanto enfraquecidas, mas continuavam muito gostosas de ouvir.

Uma das coisas que você dizia sempre era que a Evinha era um anjo que aceitava tudo e tudo estava sempre bom. E eu era a espoleta. Uma história que você contava de boca cheia era que quando eu tinha dois anos de idade, se você chegasse para mim e dissesse:

— A Liv é boazinha.

Eu respondia imediatamente:

— A Liv não é boazinha nada! A Liv é baba!

Você sempre disse que adorava ter um anjo e uma filha da putinha como filhas. Para você, este apelido era um dos mais carinhosos. A Evinha e você se aproveitavam dessa minha braveza para me tirarem do sério. E conseguiam. Mas que delícia era ver vocês se conectarem! A melhor coisa foi trazer a Evinha para participar desse momento porque vocês precisavam reconstruir a relação de vocês, que, por muito tempo, sempre foi deixada de lado pelos dois.

Você ter sobrevivido, e ninguém sabe como, da septicemia te deu a chance de arrumar tudo que precisava antes de partir. E eu considero isso sorte.

Tínhamos grandes desafios pela frente, muita esperança e felicidade por você recuperar laços com quem importava. A questão agora era entender essa nova relação com a sua bolsinha de colostomia.

Como a ferida piorava, contratamos uma enfermeira para nos ensinar a cuidar dessa lesão com produtos naturais. Inicialmente ajudou, mas não foi o suficiente. Mesmo com o curativo, havia necessidade de algum tratamento melhor e mais tecnológico. Aqueles cuidados e curativos melhoraram até certo ponto e eram um processo complicado. Foi então que decidi ligar para o convênio. Uma outra enfermeira veio, trazendo materiais tão incríveis que a sua pele se curou em poucos dias. E eu virei especialista em trocar bolsinha de colostomia. A sua pele nunca mais se feriu e não tivemos mais acidentes desde então.

Meus esforços em superar o tapa foram paliativos, principalmente porque meus remorsos não pararam por ali. Mesmo tendo achado a solução para a bolsinha, você odiava aquilo. Aquela exposição te fazia mal. E acabava com sua virilidade, dizia. Eu nunca consegui acreditar que, mesmo com tudo o que estava passando, você se preocupasse com algo do gênero. Para você, era importantíssimo poder ainda performar sexualmente.

. . . .

Quando tudo estava mais estável, decidimos voltar para Caraguá. Você já conseguia andar com andador ou muleta. Estava mais corado e o sol voltara a brilhar novamente nas nossas vidas. Vivemos três meses de paz. Como eu trabalhava em São Paulo, você ficava bastante tempo com sua namorada, que cuidava muito bem de você. Em um dia normal, quando fui te buscar para você ir para casa, você entrou no carro todo pimpão e disse:

— Conseguimos transar! Estou tão feliz! Com 71 anos, com câncer, bolsinha e sem Viagra!

— Abençoada seja a sua namorada para te amar tanto a ponto de não ligar para algo assim. E se você tomar a pílula azul, eu te encho de porrada, seu merdinha.

— Hehe, não preciso, não preciso e não preciso.

E fez a sua clássica dancinha enquanto nos dirigíamos para Cocanha.

Mas não era o suficiente. Você queria tirar a bolsinha. A questão é que depois da septicemia e do ataque cardíaco que teve durante a sepse, tínhamos que esperar seis meses para começar uma possível radio ou quimioterapia. Do jeito que estava, o seu coração não aguentaria a quimio. E até lá tínhamos que torcer para o câncer não voltar.

De julho a dezembro, vivemos bem em Caraguá. Teve um dia que fomos à praia e você conseguiu andar um bocado sozinho. Subia e descia escadas com facilidade. Comia direitinho. Íamos ao Balaio Caiçara, de nossa grande amiga Shananda, para você comer ostras. Havia esperança. No retorno ao médico, no final de novembro, você deixou muito claro que não queria ficar com aquela bolsinha de nenhum jeito, que precisava voltar a namorar direito, a comer direito sem se preocupar com o que sai na bolsinha. O médico havia avisado que não seria uma boa opção, só que você era irredutível:

— Se é para morrer, eu não quero ir embora assim.

Palavra final dada, marcamos a sua operação.

Novamente em São Paulo. Deu tudo certo no procedimento. O problema é que uma operação demanda muito do físico e, óbvio, você voltou muito fragilizado. Aproveitamos a passagem no hospital para refazer todos os exames e ver como estava tudo para analisar o início da químio.

Foi quando o médico me chamou para fora do quarto.

— Liv, me desculpe, mas o câncer do seu pai fez metástase para o fígado e está avançado. Ele teve um derrame pleural e não recomendamos a químio. Sugerimos cuidados paliativos.

O médico explicava tudo aquilo com frieza. Hoje dá vontade de matar de ódio por aquela postura.

— Não há o que fazer?

— Você vai começar a enxugar gelo. O melhor é aceitar e não o deixar sofrer.

Lembro de ter perdido a força nas pernas.

E, imediatamente, meu corpo estava no chão. O médico tentou me segurar, mas eu pedi para que se afastasse e me deixasse um pouco ali. Coloquei as mãos no rosto. Gritei abafado.

Então era aquele o fundo do poço?

Senti um gosto muito amargo na boca. Meu corpo tremia todo. Um misto de raiva, impotência e tristeza me tomava. Passar por uma derrota dessas, em que, mesmo com jogo ainda acontecendo, já sabíamos o placar, era cruel demais. Ninguém merece passar por uma situação dessas. Ninguém.

Aos poucos, fui me levantando, a Dushka veio me ver. E contei o diagnóstico. Ficamos em silêncio alguns minutos, lágrimas escorriam involuntariamente em nossos rostos. Ela ficou de avisar a família e combinamos de não dizer nada a você por enquanto.

— Não vai chorar na frente dele! — pedia a Preta.

— Não vou.

Entrei no quarto e comecei a chorar. Nunca fui muito boa em seguir ordens.

— O que aconteceu, Figliola? — você me perguntou com os seus dois olhinhos azuis assustados.

— Nada, Babbo, estou chorando de alívio por estar tudo bem com você e agora você está sem bolsinha.

E tentei improvisar a nossa dancinha para mostrar para você que não havia nada com que se preocupar.

Ah, como eu me arrependo de ter feito essa reversão da bolsinha de colostomia! Eu sei que você queria muito ir embora sem nada de dispositivo. Limpo, lindo. Mas, Babbo, se eu pudesse voltar, essa seria uma das operações que teria evitado. Você tinha perdido o controle do esfíncter, então não conseguia mais segurar cocô. Passou a usar fralda geriátrica. E foi outro processo de adaptação. Você estava ainda mais fraco e não havia nada que pudesse reverter aquela situação. Sabíamos que o final estava próximo e tentava me manter forte para você não perceber.

O nosso Natal foi supertriste.

Estávamos na Mima. Você estava prostrado, cansado. O câncer devia ter se alastrado ainda mais. E você não conseguia mais comer. Tenho uma foto com você nesse dia e a sua cara de dodói escancarava a realidade que tínhamos que enfrentar. Todos estávamos tão cansados do ano que decidimos passar aquela semana e ver, em janeiro, possíveis caminhos.

Não dava para imaginar que você não teria nem mais um mês de vida. Para nós, você ficaria mais um tempo com a gente. O câncer é um monstro cruel que tira toda a nossa esperança e nos derrota da forma mais ardilosa possível. Eu queria sumir do mundo e te levar comigo para te proteger de tudo aquilo. Fui incapaz. Fracassei. E este fracasso é meu último e maior arrependimento.

> Só se arrependa das coisas que você não fez. Das coisas que você fez e que deram errado, aprenda. Evolua. As que você teve medo e não realizou, supere o medo e faça. Erre até acertar.

O FAMIGERADO DIAGNÓSTICO

Não entendo até hoje a tentativa do ser humano de tapar o sol com a peneira. Sabe que está lá, a ciência comprova, mas você insiste em acreditar que é noite quando é dia ou vice-versa.

Eu já sabia o que viria pela frente, Babbo. Mas hoje, olhando para trás, nem imaginaria que seria deste jeito. Talvez tapamos o sol com a peneira porque sentimos o sol, mas nunca fomos lá para conhecer o sol. Não sabemos nem o caminho que leva a esse sol. Só sabemos que, ao chegar, ou melhor, um tanto antes de chegar, morremos queimados. O fato é que nunca conheceremos o sol realmente até sermos queimados por ele.

A nossa trajetória foi assim. Principalmente o final dela. Sabia que a trajetória existiria, mas como não sabia o caminho e quando seria o desfecho, e como nem você nem eu nunca havíamos passado por isso, eu, automaticamente, me fingi de boba e coloquei a peneira em nossas vidas.

"Podemos até saber de um problema, mas até reconhecer que aquilo é uma verdade, anos se passam e, de repente, piscamos e descobrimos o quanto deixamos de viver por causa, muitas vezes, de uma simples bobagem."

Minha tia Eva, a mais nova das irmãs, tinha conseguido uma consulta com o Dr. Pavão.

O Dr. Pavão é tipo o Dr. House brasileiro. Marcamos para o dia 13 de janeiro. Após a última cirurgia, realizada um pouco antes do Natal, você tinha me pedido uma folga de médico e tudo. Queria só ficar quietinho.

A tia Eva é artista plástica, especializada em arte têxtil, faz verdadeiras mágicas com o tear e, a cada ano que passa, suas exposições ganham ainda mais visibilidade por sua criatividade e inovação. No auge dos seus sessenta e poucos anos, a sua mente é a mais jovem e suas criações cada vez mais vanguardistas.

É por causa da tia Eva que sua filha mais velha também se chama Eva. Nascidas no mesmo dia com exatos quinze anos de diferença, você e mamãe decidiram nomear a primogênita de Eva. E para não enlouquecer a todos, ficou Eva-tia e Eva-filha, Eva e Evinha ou Evona e Evinha. Acho que ninguém gostava que chamassem a Eva-tia de Evona, principalmente a própria Eva, mas você a chamava mesmo assim, por pura birra. A Evinha é treze anos mais velha que eu. Nessa época, eu tinha 36, ela estava com 49 anos.

A tia Eva, quando viu a nossa situação, não pensou duas vezes para marcar com o tal do Dr. Pavão. Era janeiro, estávamos em

Caraguatatuba e teríamos que subir a serra para São Paulo. Assim, pedi para a tia Eva marcar no final da tarde, pra dar tempo de acordar com calma — você sempre odiou acordar rápido e sair fazendo as coisas com pressa —, te arrumar, dar banho, te alimentar e sair com muita tranquilidade às onze da manhã, ir parando e fazendo uma viagem gostosa.

A viagem de duas horas, duas horas e meia, nestes últimos tempos, era feita em três, quatro horas. Íamos parando. Tomando café. Indo ao banheiro. Sempre quando íamos a São Paulo, ia sozinha com você. Minha irmã Evinha ficava para cuidar da família dela, ela era casada há muito tempo e tinha dois filhos, a Maria, com 21, e o Marcelinho, com 15.

Por ser a solteira e mais nova da família, cabia a mim a companhia total a você. Mas desta vez, pedi para a Evinha ir com a gente. Mal sabia eu que esta seria a nossa última viagem a São Paulo juntos.

Na nossa primeira parada durante a viagem, tínhamos que comer. Você pediu "queijos gostosos", pão sovado e um café de coador simples. O maior apreciador de comida que já conheci não tinha mais apetite. Beliscou dois pedacinhos de queijos variados que eu tinha selecionado para você e quando foi beber o café, pela primeira vez, errou a boca.

Você perdeu a coordenação de uma hora para outra, Babbo. A cada dia que passava, desde quando tinha saído da sua terceira operação, em 2017, você estava cada vez mais fraquinho e se desmanchando no ar.

A minha vontade era de sair quebrando tudo e chorar até esgotar toda a água do meu corpo. Fui ao banheiro, respirei fundo não sei quantas vezes, tremendo de ódio dessa doença ingrata, e disse a mim mesma: *Forza*, Liv.

Enxuguei as lágrimas do rosto e saí com um sorriso e uma piada pronta para te animar.

"Leve a vida com bastante leveza, Liv. Nunca trate nada ou ninguém muito a sério. Porque não somos. Somos pó universal. Quer ter uma vida feliz? Pega leve com você e com todos à sua volta."

Saímos do restaurante de estrada com bastante esforço, te colocamos no carro e fui pagar a conta. Peguei uma paçoca para cada um. Óbvio que você não aceitou. "Tó, Evinha, para adoçar a vida". A Evinha — um verdadeiro açúcar em pessoa, nunca conheci ninguém tão doce — não recusou porque não aguentava mais comer nossas comidas saudáveis. "Nunca tem nada de gordice nesta casa, difícil ser feliz", reclamava ela para as pessoas que nos visitavam, com um sorriso de ponta a ponta no rosto e com sua risada gostosa e tão alta que dava para ouvir a dois quarteirões.

Ao chegar em São Paulo, fomos pegar a Eva-tia em seu ateliê no Bixiga e rumamos para o consultório na Vila Mariana. O consultório do Dr. Pavão fica numa casinha muito charmosa que, graças ao Universo, tinha uma rampinha para passar com a cadeira de rodas. Sempre era um acontecimento tirar e pôr você no carro e cada vez isso ficava mais difícil. Com a ajuda de todas, subimos você direitinho até a recepção. Você seria o último atendido e estávamos esperando a nossa vez.

O Dr. Pavão apareceu. Um homem alto, com seus cinquenta e poucos anos, bem afeiçoado, com barba e bigode ralos um pouco já grisalhos, junto com o cabelo.

Simpático, o médico estava ali, com um sorriso tímido no rosto, querendo te desvendar. Como o consultório ficava no segundo andar, ele nos atendeu em uma salinha embaixo, sem ar-condicionado, pois assim era melhor para você. Na salinha apertada, o Dr. Pavão ficou na mesinha encostada na parede, a tia Eva e a Evinha sentaram-se em cadeiras enfileiradas. Colocamos você de cadeira de rodas. E eu estava bem atrás de você.

Babbo, depois de um ano e milhões de médicos, hospitais e muita gente palpiteira (eu incluída), aquela consulta para mim foi a descoberta de como é importante ter sempre um médico bom ao seu lado. Pode custar o que for, mas quando você experimenta um médico realmente bom, é quase como se você bebesse uma champagne fenomenal e depois fosse obrigado a saborear aquela versão honesta de trinta reais. Não é ruim, mas não é champagne.

O doutor não viu os exames e fez perguntas sobre tudo. Ele começou com o seu sono. Foi para a cabeça. Olhos, nariz, boca, garganta...

— Tem dor na garganta, sente secura, enxerga bem?

E de dezenas em dezenas de perguntas sobre cada parte do seu corpo, o médico foi descendo até chegar aos seus pés. Só com essas perguntas e suas respostas, já soube tudo que você tinha. Você interrompeu-o no meio da conversa e pediu um café. Dr. Pavão chamou a secretária.

Você examinou-a e pediu do seu jeito:

— Meu benzinho, traz um café para mim com um pouco de açúcar, por favor?

A secretária do médico respondeu animada, olhando bem nos seus olhos azuis cor de piscina:

— Mas é claro, vou fazer um novinho para o senhor agora mesmo! — E saiu da salinha.

O Dr. Pavão, inconformado com a cena, reclamou:

— Em vinte anos de consultório, ela nunca trouxe nem uma bala para mim.

Você deu aquele sorriso maroto que só você sabe dar e aconselhou:

— Você tem que aprender a pedir mais, doutor.

O café chegou e, ao segurar a xícara, você não conseguia acertar a boca e segurar a caneca com firmeza. A sensação era de que o café iria derramar em você. Depois de algumas tentativas sem sucesso, você aceitou a minha ajuda.

Dr. Pavão passou, então, a te examinar fisicamente e descobriu mais um monte de coisa. Perguntou das medicações, falamos todas e entregamos os exames. O médico olhou nos seus olhos e perguntou:

— O que você quer?

— Eu quero não ter dor — respondeu. E ele olhou para a gente e disse:

— E vocês?

— Nós queremos o que ele quiser — respondemos com voz embargada. Uma coisa que tínhamos decidido era fazer tudo o que você queria.

Tudo. E foi o que fizemos.

A consulta acabou e nós três deixamos você na recepção com sua nova amiga secretária, que já estava encantada com seu charme. Demos a desculpa de que teríamos que subir para pegar as receitas.

Fomos para o piso superior, sentamos no consultório e foi aí que o Dr. Pavão começou:

— O pai de vocês está mal. Eu vou fazer de tudo para ele passar por esta fase sem dor, como ele quer. Não tem o que fazer. É paliativo. Sugiro que vocês desçam a cama dele. Se ele escolheu ficar na sala, é lá que ele deve ficar. Deem a estrutura que precisa e contratem o máximo de ajuda que puderem. Vocês vão precisar de ajuda 24 horas ou enlouquecerão. Não dá para cuidar de tudo como estavam fazendo e ainda se despedir do pai de vocês. Por favor, vocês precisam de muita ajuda nesta hora. Ele precisa ser cuidado por outros. Vocês precisam ter tempo para amá-lo.

— Mas, doutor — minha tia interrompeu —, o quão mal ele está?

— Olha, Eva, eu nunca acertei nenhuma data. Então, melhor eu não falar...

— Menos de um mês — eu disse.

— Eu acho que você está certa, não gostaria de apostar, mas eu tenho quase certeza da sua previsão — o médico confessou.

— Como você sabe? — perguntou a minha tia.

— Eu simplesmente sei.

E comecei a chorar.

A partir daquele momento, não havia mais peneira para se colocar na frente do sol.

GRUDE
DE CLÃ

Evinha se chama Evinha porque também é pequenininha. Minha irmã mais velha tem 1,50 m de altura, com olhos grandes e azuis como os seus. Corpo redondo, digno de uma personagem que representa a bondade. Anda como se fosse um pinguim, nariz batatinha arrebitado e o sorriso largo que desmancha qualquer pessoa... Ela puxou isso de você, Babbo! A sua simpatia foi para ela. Não há uma pessoa que conheço que não sente um misto de amor, compaixão e ternura pela Evinha.

É bem atrapalhada também. Depois de muito tempo tentando algumas coisas, achou hoje uma profissão de que gosta mais, a de corretora, mas ainda não é bem-sucedida o suficiente e sofre de constante escassez financeira. A parte financeira lembra muito você. Mesmo sendo um arquiteto renomado, nunca soube lidar com dinheiro. Mas a Evinha tem uma submissão inerente à sua personalidade que, acredito, faz mais mal que bem. E não sei de quem ela puxou essa característica.

A Evinha não tem boca pra nada. Não fala nada, não reclama de nada. A sua capacidade de resiliência é uma das mais fortes que já conheci também. Ela não quebra, ela enverga e continua. Já eu, sou meio o oposto. Até na fisionomia. Tenho 1,71 m. Tenho um corpo curvilíneo. Nem magro, nem gordo. Faço muito esporte. Gosto de fazer esporte. Mas não tenho aquela secura dos corpos que vemos na tevê. Longe disso. Meus cabelos são castanhos, ligeiramente mais claros, e meus olhos são claros também, mas diferentes dos de vocês dois. Na personalidade, então, sou turrona e tenho resiliência até a página três. Resumindo: o que ela tem de apaixonante, eu tenho de revoltada.

Então, por ela ser sempre quietinha, quando fala, a única coisa que me resta é ouvi-la:

— Limpa este choro e fica feliz, ele não pode saber disto agora — disse minha irmã olhando nos meus olhos, segurando meus braços. — Vai, desce sorrindo. Força!

E como ordenado pela minha pequena pinguim, desci do consultório com um sorriso no rosto, um dos mais falsos da minha vida. Era torto, mas ainda assim era um sorriso.

Nos despedimos do Dr. Pavão, que prometeu cuidar da gente mesmo por telefone. Combinamos de manter o contato diário ou até mais de uma vez por dia, caso precisasse.

— Ele precisa ficar bem, fale comigo a qualquer hora, o nosso foco agora é este — disse baixinho na hora de dizermos adeus.

A sua volta para o carro já foi mais difícil do que quando descemos. As três, tia Eva, Evinha e eu, tentávamos não passar tristeza na voz, conversar com você sobre vários assuntos do cotidiano, mas você não estava prestando muita atenção.

O nosso rumo era a casa da tia Mima. Eu não sei se a história é mesmo essa, mas sei que todo mundo te conhece como Dedé Soban. E você me dizia que quem te deu esse apelido foi a Mima. E vice-versa. Você, mais novo que ela oito anos, não conseguia pronunciar "Marta" e só conseguia dizer "Mima". Bom, Mima também ficou.

Vocês dois são os gênios da família. Todos são muito inteligentes, mas vocês sempre foram os geniais. E nem preciso dizer que a genialidade de vocês acompanhava gênios muitos fortes, obviamente. E a relação de vocês era do amor mais verdadeiro que já conheci. Aquele amor tão forte que se chega a odiar a pessoa pelas cotidianidades da vida. O corriqueiro virava bomba, muitas vezes. E esse pretenso ódio era tão efêmero que um simples telefonema dissolvia qualquer desarranjo e só restava a profunda admiração e o respeito que sempre tiveram um pelo outro.

Todas as vezes que chegava na casa da tia Mima, você gritava da porta do apartamento:

— Mimaaaaaaaaaa.

E ela vinha lá de seu quarto, em que sempre estava trabalhando, e dizia:

— Ô, Dedé, já chegou?

E ia logo para cozinha fazer café. E, como era de se esperar, vocês sentavam-se à mesa e tomavam café, comendo alguma coisinha que ela preparava na hora e conversavam sobre diversos assuntos. Era um dos meus momentos preferidos da vida: ver vocês conversarem.

E a tia Mima é seu oposto. E por ser seu oposto, vocês eram muito complementares. Você sempre foi o irmão mais novo mimado e fanfarrão e ela sempre foi a irmã séria, estudiosa e sábia. Ela era a Terra, você o Céu. A tia Mima tem um dos abraços mais gostosos do mundo — e nisso vocês são parecidos. De uma forma bem eslovena, ela sempre envolve a outra pessoa, dando uns tapas fortes nas costas do abraçado. Quando vocês se abraçavam, era uma sinfonia de tapas que se estalavam nas costas um do outro e dava para perceber de onde vinha a força dos Sobans.

Sempre muito estudiosa, é a única pós-doc da família. Com olhos claros, cabelos finos e corpo de uma típica eslovena, a tia Mima é para mim a expressão da mãe natureza, a força em pessoa e um dos maiores corações que já conheci na vida. Ela foi casada por muitos anos com o tio Tomio, que havia falecido já há algum tempo, e, juntos, tiveram duas filhas: a Mayu e a Dushka.

No dia em que voltamos do Dr. Pavão, você não chamou a Mima. Você confessou a ela que odiava queijo quente — sendo que, meses atrás, era o que você mais pedia para ela fazer. Não porque você gostava, mas porque, no fundo, você queria era ser acarinhado por ela. Uma das coisas que você mais gostava era correr para o colo da Mima e ser paparicado por ela. Você nunca confessou isso. Só eu sabia dessa sua dependência dos cuidados da Mima. No final, você sempre queria ser Mima-do.

— Ué, Dedé, por que você não me chamou? — ela cutucou.

Você não respondeu.

— Dedé, quer café?

Você acenou com a cabeça que sim. Ela foi para a cozinha, minha irmã Evinha foi atrás e ficou um silêncio de cortar no ar. Aquele silêncio pesado e triste que ninguém sabia desfazer.

Aproveitei para correr atrás dos braços da Dushka. A minha relação com ela lembra muito a que você e a tia Mima sempre tiveram. Nós brigamos, conversamos, nos ajudamos, nos amamos. Somos complementares e nos respeitamos, acima de tudo. Assim como Dushka herdou muita coisa de você, eu herdei da tia Mima.

Contei para minha prima querida tudo que o médico havia falado. As lágrimas saíam automaticamente do meu rosto, mesmo querendo segurar.

A Preta me abraçou forte:

— Vamos passar por esta fase todos juntos.

— Vamos, sim.

A ideia era que você e a minha irmã dormissem na tia Mima e eu, na Dushka.

Passava das seis da tarde no horário de verão, ainda estava claro, e aproveitei o momento para contratar o cuidador noturno. Tínhamos acabado de contratar uma cuidadora diurna e precisávamos de toda a ajuda do mundo, como o Dr. Pavão havia sugerido.

Eu tinha pouco tempo para resolver tudo e dar o conforto que você merecia. O relógio estava contra o nosso tempo e eu precisava agir rápido. Fui até a cozinha com a Dushka te contar o plano e você, sempre extremamente lúcido, retrucou:

— Onde você vai? Por que tem que fazer tudo isto? Por que você precisa dormir longe? Volta logo?

— Em um monte de lugar, porque você precisa de estrutura, lembra que o doutor pediu? Porque a Evinha vai dormir aqui com você e não tem lugar para mim. E, sim, eu volto logo.

Você fez uma cara de criança mais desapontada do mundo e sussurrou:

— Tá bom, vai.

E me deixou ir. Saímos, Dushka e eu, chorando e rindo ao mesmo tempo – porque na nossa família somos sempre assim meio tragicômicos.

Já no carro, lembramos das vezes em que você, Babbo, com seus amigos, bebendo, gargalhando e sendo a pessoa mais solar que já conheci na vida, me perguntava toda vez que me via sair, no auge dos meus catorze anos:

— Onde você vai?

— Tomar sorvete.

— Ah nãoooo. Isso você não vai mesmo! — dizia, e seus amigos olhando preocupados com a cena.

— Ok, Babbo, você venceu. Eu vou numa orgia com mil chineses e depois vou saltar de paraquedas sem proteção e tomar um porre de vinho ruim.

— Ahhh bom! Mas toma um vinho melhorzinho pelo seu pai, por favor. Agora pode ir. E não esquece de trazer pãozinho para o café da manhã, tá, filhinha?

Nós sorríamos muito sarcasticamente um para o outro, com aquele orgulho velado de termos uma relação tão legal, e então eu partia para minha "aventura", enquanto você voltava a conversar com seus amigos boquiabertos, fingindo que nada havia acontecido. Quando eu retornava do sorvete, depois de uma hora ou algo parecido, seus amigos até soltavam um ufa de alívio, porque deviam ter acreditado, por um minuto que fosse, que alguma daquelas coisas, além do sorvete, pudesse ser verdade.

"Se for falar sério, fale por três minutos. Apenas. Depois ria da sua desgraça, dos seus problemas, brinde a sua miséria. E seja feliz."

Neste último ano de nossas vidas, antes até de saber deste seu quadro atual, não havia orgia ou nenhuma outra ação extremista de mentirinha que pudesse substituir o seu "volta logo". Você, que já me deixou ir embora tantas vezes para viver, queria estar comigo. E eu fiz de tudo para estar com você. Pela manhã, Dushka e eu iríamos tomar todas as mil providências antes de descer definitivamente para Caraguatatuba. O relógio estava contra a gente e todo o minuto era importante.

Acordamos cedo e fomos alugar uma cadeira de banho, comprar fraldas, acessórios, todos os remédios, contabilizando tudo para um mês. Do carro, enquanto Dushka dirigia, eu tentava arrumar a casa por telefone, contratando gente, comprando material e o que precisasse em Caraguatatuba.

. . . .

A nossa casa na Cocanha tinha um quarto no térreo, onde também ficavam a sua oficina e a garagem. O primeiro andar era a casa em si, com a sala, a piscina, o escritório, a cozinha, a lavanderia, a horta e um lavabo. Com poucas paredes, quase tudo se comunicava abertamente. E a ducha fria da piscina foi trocada por uma quente. A sala, toda envidraçada, ganhou cortinas para você conseguir dormir, uma vez que o sol da manhã entrava todos os dias sem pedir licença. Foi a minha cama que desceu para a sala, a sua era de alvenaria. Criamos uma cabeceira para você apoiar a cabeça, porque ela ficaria no meio da sala e você precisava de apoio. Consegui esquematizar tudo isso por telefone já pela manhã. Então, voltamos logo para o apartamento da tia Mima, em Higienópolis, para pegar você e a Evinha.

Lá estavam reunidas tia Mima, Dushka, Mayu, com a filha dela, Nikki, minha irmã, Evinha, além da tia Ilda.

A tia Ilda é chamada por mim de "tia U" porque a primeira frase que falei na vida foi "tia Uda medo papo" ("tia Ilda tem medo de sapo"). E a tia Uda evoluiu para tia U. Ela e eu, quando pititica, éramos muito próximas. Era ela quem cortava meus cabelos e minhas unhas. Lembro muito dela, da vovó e eu juntas. Nunca esqueço de um doce de banana que ela fez e fomos à praia, nós três, sentamos em frente ao mar e comemos aquele doce numa tarde de verão. Sinto até hoje o vento na minha cara e o gosto da banana, e a lembrança da vovó sentada na cadeira trançada amarela, fazendo tricô, enquanto a tia U fazia palavra cruzada ou lia um livro e eu brincava na areia. Em todo o seu processo, desde o descobrimento do câncer, a tia U sempre passava muitas tardes com você, conversando. Uma das lembranças mais lindas que sempre guardarei eram nossos Natais em que ficavam conversando você, a tia Mima, a tia U e a tia Eva, a irmã caçula. Na verdade, ela não é a caçula oficial. Vocês eram em seis irmãos. A última era a Thaís, que morreu em um acidente horrível de carro aos dezessete anos. E o primogênito era o Ricardo, que morreu já mais velho, mas ainda muito jovem. Daí ficaram vocês quatro: a tia Mima, a tia U, você e a tia Eva.

E vocês, mesmo já grandes, brigavam como irmãos e se amavam como irmãos. Era engraçado ver vocês discutindo, e ao mesmo tempo era lindo ver esse amor que, não importava o que o outro fizesse, de um jeito ou de outro estavam sempre juntos. Se tem algo de que tenho orgulho é de nossa família, Babbo.

A Mayu sempre fala de uma teoria chamada *grude de clã*. Quando os clãs não conseguem se separar ou ficar muito longe ou algo do gênero. Eu acho que nós Sobans temos muito esse tal de grude. Porque não importa o que aconteça, sempre estamos grudados. E felizes por sermos assim.

A ÚLTIMA VIAGEM DE VOLTA

SER FILHA DE BABBO É SABER QUE ELE ME PREPAROU PARA SER INDEPENDENTE, MAS SEMPRE VOLTAR PARA SEUS BRAÇOS. SER FILHA DE BABBO É PERCEBER QUE NÃO TEM MAIS BRAÇOS PARA VOLTAR.

Nos despedimos de todos na Mima. Foi a última vez que você viu a tia Mima e a tia U.

A tia U tinha que fazer alguma coisa na rua. Deu um abraço daqueles de urso e saiu mais cedo. Os olhos dela lacrimejaram, mas ela escondeu de todos a emoção.

Você segurou na cara dela com as suas mãozonas e disse algo para ela ficar bem.

Quando estávamos indo embora, você se despediu da Mayu e da Nikki. A Mima e a Dushka desceram com a gente. Colocamos você no carro e a tia Mima foi te dar um abraço com você já sentado no banco do passageiro.

— Fica bem — ela disse.

— Eu vou ficar — você respondeu.

Se abraçaram mais uma vez e ela subiu. Acho que ela já sabia — e você também — que aquele era o último abraço. Eu estava tão emocionada e preocupada com a viagem que entrei num estado catatônico e fiquei me autochacoalhando antes para conseguir dirigir com segurança até o litoral.

Então, depois daquela despedida, voltamos, Evinha, você e eu, para casa em Caraguatatuba.

Em algum momento ainda na cidade, a rádio começou a tocar a música "Give a Little Respect". Escutamos tanto essa música pelas estradas, seja indo para São Paulo ou para visitar alguma de suas futuras namoradas em cidades do interior, que ficamos mais de 27 anos sem ouvi-la. Todas as vezes que a música aparecia, a gente até brincava com a nossa frase não religiosa: "tira logo, pelo amor do Universo". Por essa música fazer parte de uma fase muito simbólica de nossa vida, que lembrava coisas boas, mas também coisas ruins, não conseguíamos mais ouvi-la. E ficamos quase três décadas sem nunca nem tentar escutá-la novamente. Fui trocar de rádio, já me antecipando que você pediria para mudar de estação, mas você segurou na minha mão e sussurrou:

— Deixa.

I try to discover a little something to make me sweeter Oh baby refrain from breaking my heart

As notas me levaram de volta para meus nove anos de idade. Havia se passado seis meses desde a separação com a mamãe. A mesma música soando no toca-fitas do Monza marrom. Você tinha comprado essa fita em um dos bares que íamos à noite — em cidade pequena, é comum ter mais opção de bar do que restaurante — e o vendedor a ofereceu como "Os melhores hits de 89". Ouvíamos sempre quando íamos viajar. E viajávamos muito. Basicamente, você me trazia e levava da Mima.

I'm so in love with you
I'll be forever blue
That you gimme no reason
Why you make me work so hard

Lembro-me do dia em que me contou que iriam se separar. Acordei com os passarinhos e, enquanto me espreguiçava na cama de solteiro branca, ouvi um silêncio perturbador. A casa, sempre barulhenta, parecia um grande espaço vazio. Levantei da cama, nem escovei os dentes — não que eu, aos nove anos, fizesse muito isso ao acordar — e desci para sala.

O primeiro nível era ligado à cozinha — onde eu sempre te achava —, mas você não estava. Desci mais um lance e vi você, com sua pele bronzeada, seus cabelos ligeiramente grisalhos, sentado no nosso sofá prateado, bem dos anos 1990, metido a futurista (e bem cafona, para falar a verdade), que tinha um tecido duro que até doía ao sentarmos. Você estava com os cotovelos apoiados nos joelhos, o tronco para a frente e o olhar fixado em qualquer nada na parede. Desci devagarinho pela escada, bem atrás de você, e fui me aproximando calmamente, dando a volta no sofá e não tirando os olhos de você, até sentar à sua frente na mesinha de centro. Você, absorto, desviou o foco da parede e olhou para mim. Seus grandes olhos azuis, reluzentes, vívidos e muito claros (sempre via o céu ou o mar de qualquer praia da Grécia ali), viraram-se para mim com um leve espanto:

— Baixinha, fui e sempre serei direto com você. Sua mãe e eu não estamos bem. Depois de muito amor, 23 anos de história juntos, vamos nos separar. Estamos só brigando, como você pode perceber, e tem coisas de adulto, que não dá para explicar agora, que nos impedem de continuar nosso relacionamento. Ela sempre será sua mãe e eu, seu pai. Queria saber, só, com quem você gostaria de ficar?

— É lógico que é com você, papai — respondi sem titubear nas palavras.

Te abracei tão forte que sinto até hoje aquele abraço. Nossas lágrimas saltaram de nossos olhos.

E, naquele exato momento, tinha se formado um time. Um time de dois que era capaz de superar tudo e todos. Invencível e tão poderoso que nada nos detinha.

Naquele momento, você com 45 e eu com nove, fizemos uma promessa de cuidar um do outro. E sempre falar a verdade, não importando a quem doesse. E assim sempre foi.

Para você se recompor, tia Mima, o seu navio da salvação, reestruturou toda a casa dela para receber Evinha e eu lá. Você não tinha forças para cuidar nem de você mesmo. E Mima, como sempre, nos salvou com seu abraço de urso. Evinha já havia morado muitas vezes na Mima. Em cidade pequena, como Caraguatatuba, a oferta educacional não é tão ampla e era normal a solução de passar tempos em parentes da cidade grande para se formar.

Assim, durante seis meses você vinha para São Paulo todos os finais de semana. Você vinha ficar com as suas filhas, mas também relembrar de onde veio, sua família. A vovó ainda era viva. E, vira e mexe, ela te ajudava — mesmo depois de bem velhinha — a te salvar das quebras financeiras eventuais.

Quando subia, trazia o frescor da praia. Logo após a separação, você ficou muito fraco. Tinha 1,80 m de altura, mas como todos os Sobans, parecia ser mais alto do que realmente era. Isso acontecia devido ao fato de sermos grandes também. Mãos, pés e ossatura grandes. Seus cabelos pretos e olhos de piscina completavam seu porte de galã. Depois de seis meses que mamãe foi embora, você tinha ressuscitado. Era uma Fênix. Estava magro, bronzeado, seus olhos brilhavam a quilômetros de distância. E toda a vez que subia, ia com o tio Tomio, marido da Mima, andar pela Paulista. Vocês se amavam. Ficavam conversando por horas.

Eu não tive tempo de absorver a separação. Acho que no final senti a dor misturada à minha não adaptação a São Paulo. Era um misto constante entre amar tudo e me sentir constantemente deslocada. Parecia que faltava algo. E faltava. Acabara de perder o que supostamente deveria ser meu núcleo familiar. Após o fato, todos os traumas emocionais que vivi em minha vida parecem ter sido marcados por longos *blurs*. Como num filme do Woody Allen chamado *Descontruindo Harry*, em que uma das personagens estava sempre fora de foco. Em constante *blur*. Era assim que me sentia ao olhar para trás, após momentos como esse. Eu perco o foco após um trauma. Minha memória fica turva, minhas atitudes suspeitas e minhas ações pouco credíveis. Parece que tudo que faço nesses períodos dá errado. Tive alguns momentos *blurs* na minha vida e, em todos eles, a sensação é a mesma, não importando a idade, a sabedoria ou a situação.

E eu estava lá com meu primeiro *blur*, aos nove anos, indo passar um final de semana na praia com você. E queria voltar a me sentir com foco. Uma das minhas maiores questões discutidas com minha terapeuta é a minha eterna postura adulta quando criança. Na separação de vocês, fiquei tão responsável que não sei, até hoje, me assumir como adulta. Acho que a responsabilidade desde criança te traz um peso e uma dificuldade de crescer. Uma vez que você tem uma série de responsabilidades ainda criança, brincando de elástico e amarelinha, por que raios, então, eu iria crescer? E, mesmo hoje, repleta de responsabilidades e aparentemente uma adulta (Babbo, as pessoas já me chamam de senhora na rua, você acredita nisto?), eu ainda me vejo como uma criança. Então, aquela menina que estava indo para praia com você, seis meses após a separação, respirou fundo e disse:

— Pai (eu só fui te chamar de Babbo bem mais velha), está na hora de voltar para casa.

Você olhou para mim com aquela pele dourada, os olhos cor de mar da Grécia, com um leve sorriso de canto de boca e disse:

— Sim, baixinha, está na hora.

So, I hear you calling Oh baby please
Give a little respect to me

E eu voltei a morar com você, já com dez anos. Estava na hora daquele time de dois ser para valer.

Ouvimos a música do início ao fim, rumando para a Cocanha, a praia onde morávamos, sem saber que o nosso um mês tão contabilizado e sonhado não passaria de sete dias.

2

SETE DIAS COM 720 HORAS CADA

O DIA EM QUE VOCÊ DESCOBRIU QUE IA EMBORA

Já em casa, o sol brilhava no litoral, poucas nuvens cobriam o céu de brigadeiro. A brisa do verão refrescava a casa do calor escaldante. Você já estava dormindo na sala com o cuidador. Como sempre fiz, acordei de manhãzinha e fui enrolar com você na cama, assistindo bobeirinhas na tevê, repetindo a nossa rotina tão amada. Eu segurava na sua mão e você tentava fazer carinho em mim. Era uma sexta-feira.

— Babbo, vamos levantar e tomar café?
— Vamos.
— O que você quer comer?
— Nada.

— Ovo cozido molinho com pedacinho de pão na tigela?
— Bem molinho?
— Bem molinho.
— Então tá.

O cuidador já tinha feito café. Fui ensiná-lo como você gostava dos seus ovos pela manhã. Preparei a mesa do café. E ajudei-o a te colocar na cadeira de rodas. Comemos assistindo a Globo News, em que você era vidrado. Sempre assistíamos a mesma coisa. Aos noticiários, aos Simpsons e ao Trato Feito (o programa da History Channel, da loja de penhores, que era um dos nossos favoritos).

Enquanto comíamos, falava com a minha irmã no WhatsApp, ela e o marido dela ficaram de avisar seus amigos sobre sua situação, sobre a qual você ainda não sabia. Muitas pessoas estavam combinando de vir te visitar. E você só observava os meus movimentos. Já estava com as bochechas bem secas — como você estava magrinho! —, seus olhos, porém, continuavam com o mesmo azul brilhante de sempre e o seu cérebro era ainda o mais lúcido que já tive a sorte de conhecer.

Acabamos de comer. Apesar de estar comendo tão pouco, nunca dispensou seus ovos molinhos com pedacinhos de pão.

— Babbo, o que acha de tomarmos um pouco de sol?
— Vamos! — você falou até com certo entusiasmo.

E foi então que tive que iniciar a conversa mais dura de nossa vida.

O sol era o da primeira manhã. Te coloquei de frente para a vista (a nossa casa tem um cenário maravilhoso para o mar que parece uma pintura de tão lindo). E me sentei à sua frente. Você levantou o rosto, procurando o sol e fechou os olhos. E ficou assim por um tempo, até que abriu os olhos, direcionando-os para mim e disse:

— Filha, o que está acontecendo?

Estremeci. Minha vontade era sair gritando e chorar até me esgotar. E eu tinha que ser forte. Liv, seja forte.

— Nada, Babbo, não está acontecendo nada.

— Lembra quando você era um pouco mais pequenina que agora?

— Babbo, eu tenho 36 anos.

Você me olhou com doçura, riu sem mostrar os dentes. Daqueles sorrisos de pai orgulhoso e soltou:

— Você sempre será a minha pequena.

Lágrimas saíram dos meus olhos sem eu ter tempo de tentar controlar.

— Lembra quando me separei da sua mãe e prometemos um ao outro sempre contarmos a verdade não importando o quanto doesse?

— Lógico que eu lembro, Babbo.

— E por que você não está me contando?

— Porque eu não consigo.

— Liv, é a minha vida. Eu preciso saber. Até porque sou eu quem estarei vivendo-a, sou eu quem preciso viver. O que o doutor realmente disse?

Um raio de sol iluminou a gente. A brisa intensificou em seu rosto. Eu já não controlava mais as lágrimas, olhei fundo nos seus olhos, respirei fundo mais de uma vez e tomei coragem:

— Você precisa ir, Babbo.

— Quando?

— Eu não sei. Não há certeza. Daí é com você.

— Não tem mais jeito?

— Não tem — respondi com voz embargada.

Você olhou para o sol mais uma vez, respirou fundo e disse, calmo:

— Se é para eu ir embora, então, eu vou.

Levantei e me sentei no seu colo na cadeira de rodas. Te abracei e chorei no seu ombro. Olhei para você e reparei que algo havia mudado. Você, que sempre teve medo de enfrentar problemas, fosse de trabalho, dinheiro, saúde (razão pela qual chegou ao estado que você estava) ou qualquer coisa séria demais, olhava para mim com tranquilidade e coragem para enfrentar talvez o ato mais sério que todos temos obrigatoriamente que passar. O que me fez, não sei por que, lembrar do dia em que você me olhou 27 anos antes. E, agora, surpreendentemente, você estava com muito menos medo. Você estava docemente sereno e seguro.

— Eu estou indo, Figliola. Agora chegou a minha vez.

Me abraçou forte, me deu um beijo na bochecha — do mesmo jeito que fez quando eu tinha nove anos naquele sofá prata — e pôs sua mão grande no meu rosto como se fosse um gesto tranquilizador, afirmando que tudo acabaria bem. Me tirou de seu colo e pediu para voltar para a cama.

> Toda festa tem a hora certa de ir embora. Você reconhece um homem sábio pela sua consciência em saber seu melhor momento de deixar qualquer local ou situação. Ele consegue, com essa sabedoria, manter a sua dignidade e seu respeito com os outros.

O GOURMET MAIS DIFÍCIL DE SE SATISFAZER

> SER FILHA DE BABBO É DAR TANTO VALOR PARA COMIDA QUE CADA REFEIÇÃO VIRA UM ACONTECIMENTO.

"**A**i que delícia! Ai que delícia!"

Você repetia com uma voz saborosa sílaba por sílaba sempre que combinávamos de cozinhar algo gostoso. E quando dizia, mexia as mãos semifechadas na altura dos ombros ou batucava qualquer coisa na mesa. Depois de proferir tais palavras, parecia que o ar ficava com sabor de *prosciutto crudo* e Barolo. Tudo saía da sua boca com tanta gostosura que não tinha como não salivar imaginando as delícias que estavam por surgir de nossas criações.

E você adorava as boas coisas da vida. Comer, beber. Fumava (que não era nada bom, mas você amava). Mas comida era sempre um acontecimento. Para ser oficialmente um Soban, você precisa discutir o almoço durante o café da manhã.

Como você era o rebelde e quis se destacar da família por um tempo, passou anos sem discutir almoço no café da manhã. E, criada por você, também nunca entendi o porquê de ter que falar da próxima refeição na anterior. Ainda mais que sempre íamos cozinhar lá pelas quatro ou cinco da tarde. Outra coisa que você me ensinou foi isso de chegar atrasado.

*"Para trabalho eu sou pontual,
para lazer eu chego a hora que eu quiser."*

Até hoje meus amigos me enchem porque, por mais que eu tente, sempre atraso. Nunca consigo chegar no horário. Essa foi uma das heranças de sua terna idade que eu herdei.

De alguns poucos anos para cá, sem perceber, você começou a mudar. Sem querer, talvez pela força de nossos genes, você não só começou a discutir o almoço no café da manhã, como também passou a odiar quando eu te atrasava para qualquer compromisso.

É engraçado, Babbo, mas a cada ano que passa, realmente percebo que, por mais que nos esforcemos, sempre vamos, de um modo ou de outro, pelo caminho dos nossos. Ou melhor, o caminho que construímos tem muito dos nossos. E que sorte a nossa de termos uma família incrível para poder trilhar algo similar. Isso é uma sorte absurda que, infelizmente, não são todos que têm essa chance. Estou aqui contando para você sobre seus últimos dias, e apesar de sozinha nesta nossa casa, queria ter alguém com quem discutir o almoço durante o café da manhã.

A Fernanda e a Lilian estavam vindo para passar o final de semana com a gente. Minhas amigas da pré-escola. Nos conhecemos quando tínhamos cinco anos de idade. Você acabou ficando muito amigo dos pais das duas. Mais especialmente do tio Carlos Plotinta, pai da Fernanda. Plotinta era o apelido que carinhosamente você deu a ele. Você sempre apelidou todas as pessoas que conhecia — outra característica que herdei. Infelizmente, o tio Plô tinha partido alguns anos antes também por causa dessa estúpida doença e eu havia me reaproximado da Fernanda, a Fer, como eu carinhosamente a chamava. A nossa amizade de infância — quando éramos grudadas — virou um lindo relacionamento de adultas.

A Fernanda sempre foi a mais linda. Alta, magra, rosto perfeito e muito inteligente. Um coração especial. Ela sempre teve o pacote completo. E o que mais me emociona é que nesse retorno, vocês dois ficaram ainda mais amigos. Vocês conversavam por horas, sobre tudo, história, política, relacionamento. Com seus copos de vinho sempre cheios numa mão e os cigarrinhos na outra, ela vinha para jantar e passávamos horas cozinhando e bebendo (e vocês, fumando).

— Liv, se você quer não fumar, vai não fumar lá fora. Aqui dentro se fuma! — vocês dois bradavam pra mim.

E ríamos.

Teve uma semana em que os dois me confessaram separadamente:

— Liv, o seu pai é minha alma gêmea — a Fer me disse quase me contando algo que eu já havia percebido.

— Eu sei, Fer.

— O Babbo é tudo aquilo que quero num homem. Que merda que nasci muito depois.

E fui para casa pensando na conversa. Ao chegar, você estava na mesa da sala me esperando, eu me sentei à sua frente. Quando digo que estive com a Fer, você diz:

— Pode parecer engraçado, mas esses dias eu fiquei pensando se eu tivesse nascido um tanto depois...

— Por que, Babbo?

— Porque a Fernanda é perfeita. Eu a vejo como minha filha. Mas se eu tivesse quarenta e poucos anos, ela seria a mulher para mim. Acho que este é o meu terceiro relacionamento platônico, primeiro a minha professora do elementar, depois a Izabel e agora a Fernanda.

— Tirando a professora, as duas são de São José dos Campos, cidade que você não é muito chegado.

— Haha. Eu não tinha percebido isto.

— De repente, você tem uma quedinha por moças do interior. Pensa bem, a mamãe veio de Araraquara, a Cléo de Guaratinguetá... E agora essas duas.

Você ficou pensando e acabamos dando boas gargalhadas.

A minha outra grande amiga, a Lilian, você sempre amou e morreu de orgulho. Você sempre dizia sobre a força que a Lilian era. Força e alegria. Ela faz qualquer pessoa rir em minutos de convivência. Não por ser piadista, mas porque ela é naturalmente engraçada. Você nos apelidou de Febem quando tínhamos doze anos, pois éramos totalmente da pá-virada. E até hoje nos chamamos de Febem.

A Lilian se tornou uma profissional do ramo de fisioterapia daquelas bem diferenciadas, boas mesmo, e te ajudou em todo o processo, te tratando com muito carinho. E você a admirava porque ela se fez sozinha, assim como eu, sem ajuda de ninguém. E adorava contar nossas histórias para seus amigos.

Juntas, a Fernanda, a Lilian e eu somos a Fundação Casa. E, por mais distantes que fiquemos, quando uma precisa, as outras duas param tudo que estão fazendo e vão automaticamente prestar socorro. Bom, sabendo da notícia, as duas nem me perguntaram. Só me avisaram por WhatsApp: "estamos descendo, fica forte aí, vamos passar juntas".

. . . .

Elas chegaram de mala e cuia. E lotadas de saquinhos de supermercado.

Largaram tudo na cozinha e foram sentar no seu colo na cama.

— Tio Babbo, chegamos! Agora vamos cuidar de você direitinho — diziam.

— Ainda bem, porque a Liv, ó! — indicava o dedo polegar pra baixo.

— A gente sabia disto, tio. Por isso que viemos te tratar como se deve, como um Rei!

— Eeeeeeeee! — E soltou um sorrisinho que até hoje fica estampado em minha memória.

Elas te beijaram e abraçaram e depois vieram até mim dar um abraço em conjunto. Choramos quietinhas. Virei especialista em chorar sem deixar o nariz como a Rena Rudolph e os olhos todos marejados.

A Fer logo enxugou as lágrimas e foi para cozinha, exclamando:

— Tio Babbo, sei que você já está odiando a comida da Liv e vou preparar tudo que você ama.

Desde que soubemos do diagnóstico de câncer, quando era ainda só um tumor no intestino, você imediatamente parou de fumar. E nunca mais deu nem um traguinho. Mesmo tendo sido fumante por cinquenta anos, seu paladar era impecável. E, após parar de fumar, virou, então, um Gourmet Jedi. Ou a comida estava deliciosamente perfeita ou você simplesmente não comia.

Eu já não sabia mais o que fazer. Todo o dia, durante o café da manhã, eu começava a perguntar o que você queria. Era um suplício encontrarmos um prato que você ficasse com vontade. E eu queria cozinhar para você tudo que tivesse vontade de comer.

Quando as meninas chegaram, fiquei aliviada, porque sei que você sempre amou a comida da Fernanda e talvez fosse mais fácil que ela te alimentasse. Tínhamos outro desafio, você só podia comer cremes e alimentos bem substanciais para não ter risco de engasgo e provocar a tal da pneumonia. Como havia perdido já parte da deglutição, tínhamos que ter o triplo de cuidado.

Eu nunca vi a Fernanda se esforçar tanto na cozinha — e olha que ela é daquele tipo que gosta de tudo perfeito —, ela até suava. E, enquanto isso, a Lilian tentava te alegrar.

Primeira tentativa: creme de mandioquinha com carne assada bem molinha. Todo mundo salivando pelo prato — porque estava temperado do jeito certo, parecia comida de vó de tão saborosa, o creme tinha a densidade perfeita. Te colocamos para comer na mesa, você ainda tinha forças, deu uma colherada, fez uma cara estranha, deu duas, três, quatro e parou na quinta.

— Babbo, não gostou?

Você fazia que mais ou menos com a mão.

— Mas a Fer fez com tanto carinho.

E você deu de ombros.

— Obrigado, queridinha, mas não estou bem para comer.

Havia um misto de tristeza e desafio no olhar da Fer. Ela, que sempre cozinhou tudo que amava, também não passou pelo seu exigente crivo.

E mesmo com todas as tentativas, nem a Fer conseguiu ouvir novamente um *"Ai que delíciaaaaa"*.

A Lilian te massageava e fazia continuamente fisioterapia em você. A última vez que comeu na mesa foi com ela te levando para tomar café da manhã. Vocês amavam o pãozinho Egg Sponge e foi ele com manteiga e café que conseguiu te alimentar naquele dia.

Enquanto minhas duas amigas seguravam a energia da casa, eu ficava na piscina para chorar e você não perceber. Você ia dormir e as duas vinham ficar comigo.

— Esta vai ser a última vez que vocês o veem — eu disse.

— Eu sei. Ele está indo, Liv — a Fer respondeu.

— Preciso só ter forças e fazer com que ele passe este período da melhor forma possível.

— E sei o que te dará forças para continuar— disse Lilian, trazendo três taças e um vinho branco bem gelado.

— Ao Babbo — disse...

Brindamos, do jeito que você sempre quis que fosse qualquer caminho difícil, com vinho, amor e leveza. Lembrando de seu ensinamento máximo:

> Baixinha, o Tata sempre dizia que não há nada que não possa ser curado com um grosso filé e uma belíssima garrafa de vinho. E se não curar, vai te dar forças para continuar.

PEGA A COLEIRA!

Depois do brinde, bebemos o vinho quietas. Mas a Fer começou a relembrar de uma de nossas cenas memoráveis. Como você, um grande contador de histórias que tentava levar sempre leveza ou humor a qualquer pessoa, aqueles que te visitavam tentavam fazer você sorrir, mesmo no fim. Então, elas assumiram o seu papel relembrando você de todos os causos vividos. Lúcido que só, Babbo, você não só relembrava como corrigia com precisão as memórias recontadas. Foram elas que me fizeram sobreviver nesta nossa terminalidade.

. . . .

Não muito tempo atrás – afinal, o Siddharta, meu cão bernese, tinha apenas quatro meses (agora o cachorro está com dois anos, grandão, beirando seus cinquenta quilos) – foi que esse episódio aconteceu.

Bom, como eu morava com você e trabalhava em São Paulo, o Siddharta passava muito tempo com você. Eu subia na terça-feira, trabalhava, voltava na quinta à noite para o litoral. E você ficava com o cão todos esses dias. Nesse meio-tempo, um dia, você me mandou um e-mail ousando uma pretensa formalidade, obviamente, só para tirar sarro, me informando que agora o Siddharta não seria mais Siddharta, e sim Puchu, e que você, juntamente com o cão, havia tomado essa decisão.

Eu estava em pleno escritório e respondi: "Caro Babbo,
Boa tarde.
Venho por meio desta avisar que se o Siddharta virar Puchu eu vou mandar você tomar no cu.
Atenciosamente, Figliola".

Liguei para você depois de cinco minutos pois sabia que era a hora que você também trabalhava no computador. Você atendeu, sabendo que era eu, já gargalhando. E desde então, o cachorro tinha dois nomes: Siddharta e Puchu. Foi feito dois times, os que gostavam de Puchu e os que gostavam de Siddharta. E o bernese atendia pelos dois. Sabia que quando você o chamava de Puchu, sempre ganhava alguma coisa e ia com mais felicidade. E chamado de Siddharta, por mim, às vezes poderia ser bronca, então, vinha com aquele passar mais tímido, à espera de descobrir o que viria.

Um pouco depois desse rebatismo, em uma das noites em que a Fer estava em casa, um quase ficante meu nos chamou para um churrasco na casa dele. Uma casa perto da nossa. Falei para vocês dois virem comigo. Você e a Fernanda me olharam com aquela cara de "deixa a gente em paz", querendo fazer alguma outra coisa. Expliquei:

— Ele marcou às oito e meia.

— Pohan, quem marca um churrasco assim tarde! — você bradou.

— É — concordou a Fer.

— Temos fome! — reclamaram em uníssono.

— Vamos agora, então, porque, com certeza, deve estar tudo pronto. Ele disse que não precisaríamos levar nada, então, suponho que tudo já esteja preparado.

— Tá bom, então, vamos levar o Puchu.

— Podem levar.

— Ebaaaaaa! — diziam sempre juntos.

Chegamos lá e a churrasqueira nem acesa estava. Você ficou azul de raiva. O ex-futuro ficante, que perdeu o título após aquela noite, estava esperando numa boa, com uma cervejinha na mão, achando que iríamos comer às onze da noite, como se fosse a coisa mais normal do mundo. Aliás, algo comum quando se tem vinte anos. O cara tinha passado dos quarenta e achava que essa atitude dos jovens era interessante de se carregar pelas décadas.

— Meu pai tem setenta anos. Você jura que pensou que nessa idade se come às onze horas?

Silêncio na resposta.

A Fer foi para a churrasqueira e eu para a cozinha tentar achar alguma salada ou ingrediente para fazer uma farofa. Acho que aquilo foi pior que prova de Masterchef: tinha um agrião murcho, uma cebola já meio passada, duas colheres de manteiga e um punhado de farinha de mandioca vencida. No estado em que estávamos, teria que ser aquilo mesmo. E o ex-futuro ficante ficava tentando adular meu pai.

— Meu filho, quer me bajular? Nos dê comida.

Todos rimos. Finalmente, o anfitrião parece que entendeu a questão e pegou a churrasqueira para si. A Fer ficou ao seu lado, Babbo, tomando vinho e vendo ele preparar a carne com uma velocidade de um urso hibernando.

O local era um daqueles espaços de churrasqueira padronizada com um balcão que separa quem cozinha dos convidados, que podem ficar sentados e participar do processo. Vocês dois quase estavam assumindo à força o processo quando cheguei com a salada, a farofa, uma porção de azeitonas e um queijo que achei no fundo da geladeira, além de, pasmem, pão francês fresco que o churrasqueiro, sim, comprou para o dia. Com isso, contive o ânimo dos aliens que vivem na barriga dos três, e todos nós, inclusive o Puchu, aguardávamos o anfitrião entregar a tão sonhada carne.

Ele era daqueles churrasqueiros que ficam servindo de pedacinho em pedacinho. Nós somos grandes, de família fugida de guerra, então, temos uma fome atávica há gerações. A Fer é igual a nós. E aquela carne sendo servida a conta-gotas não nos dava uma sensação de saciedade e não nos trazia a felicidade inerente a uma boa refeição de que tanto fazíamos questão.

Em um certo momento, o tipo começou a falar de política. E acabou por soltar algo que você não suportava.

Você teve uma reação imediata. Não aguentou, se levantou, bateu com as mãos no balcão:

— Liv, vamos embora, esqueci de tomar meus remédios — você disse, pegando o Puchu no colo.

— Fer, pega a coleira!

Em apenas um minuto, estávamos no carro, indo embora para casa, pensando em que prepararíamos para comer decentemente. Olhei para trás e vi uma figura atônita, segurando algum utensílio de churrasco, boquiaberto, tentando entender o que havia acontecido.

Rimos de doer a barriga no carro e continuamos assim por horas. Acho que foi um dos momentos mais divertidos que passamos juntos. Por alguns segundos, ficamos com dó do ex-futuro ficante, mas passou imediatamente depois. E ficou a máxima que foi repetida em outras situações indesejadas:

— Fer, pega a coleira!

Estávamos na piscina contando para Lilian essa história e gargalhando. O sol batia de leve e, mais uma vez, as memórias me fizeram esquecer por um momento a sua partida. Minhas amigas me faziam levitar. Só que bastava um piscar de olhos para voltar imediatamente à nossa dura realidade.

Nossa vida teve momentos tão mágicos que, quando percebia que estava acabando, lágrimas saíam automaticamente de meus olhos.

> **Figliola, podemos perder tudo nesta vida, mas, em hipótese alguma e nunca, a piada.**

DRAMA KING

> SER FILHA DE BABBO É APRENDER
> A FAZER EQUAÇÃO DE MATEMÁTICA
> ANTES DE USAR MAQUIAGEM.
> SER FILHA DE BABBO É ACORDAR ÀS
> CINCO DA MANHÃ PARA JOGAR XADREZ.

Carlo é marido da minha prima Dushka. Apesar do nome, é holandês, da Holanda mesmo. E, como todos os namorados da Preta, veio da internet. A Dushka, desde quando a internet não era nem algo popular, sempre acreditou que conhecer alguém virtualmente era muito melhor que pessoalmente.

No virtual, ainda mais com o advento das mídias sociais, você entende como a pessoa pensa, o que gosta, o que não gosta, qualidades, defeitos, enfim, desenha o ser independentemente do físico. E depois, se houver consonância com a alma, o físico vira balizador para entender se aquela relação será de amizade ou não.

Sempre gostei de um poema do Manuel Bandeira que diz assim:

Arte de amar

Se queres sentir a felicidade de amar, esquece a tua alma.
  A alma é que estraga o amor.
Só em Deus ela pode encontrar satisfação. Não noutra
  alma.
Só em Deus — ou fora do mundo. As almas são
  incomunicáveis.
Deixa o teu corpo entender-se com outro corpo. Porque
  os corpos se entendem, mas as almas não.

Muito antes da internet, em uma época que a tendência era conhecer alguém fisicamente, ou seja, olhar para a pessoa, ver como é seu olhar, seu jeito, sua desenvoltura, é normal entender que o desejo fosse o rei de toda a estrutura relacional. O corpo sempre foi o que movia o desejo. A personalidade, quando descoberta, poderia, então, mover o amor e o companheirismo ou matar, com a mesma força, o desejo. E sabemos que a paixão que o corpo provoca atrapalha qualquer tipo de julgamento. Mesmo assim, entendo Manuel Bandeira. E entendia até quando via você se apaixonar inúmeras e inúmeras vezes. Todas elas como se fosse um garoto de doze anos em seu primeiro amor platônico. E tanto com o Bandeira, presumo, como com você, muitas vezes os relacionamentos duravam porque se criava um culto ao desejo muito maior do que o entendimento das almas. E algo sem nexo se arrastava, só pela atração física.

E sendo criada por você, confesso que desejei muito mais que amei. Desejava não só o corpo, mas o que aquele ser poderia me trazer. Proteção, sexo, conforto, adoração (por mim, claro). E, hoje, entendo o quanto eu deixava meu corpo liderar as histórias e o quão pouco minha alma era protagonista de minhas aventuras.

E a Preta, entendendo desde sempre que com a internet esse poema caía por terra, optou pela junção das almas. E, depois de algumas tentativas importantes para o seu processo evolutivo, encontrou o Carlo, sua alma gêmea.

O Carlo é um homem loiro, típico holandês, com 1,93 m de altura e bem magro. Por muitos anos, pesava menos que eu, que tenho 1,71 m. Normal para a terra de onde ele veio, mas muito magro para o padrão brasileiro. Ele é, de longe, um dos caras mais doces que já conheci. Um hipster genuíno, raiz. Que nasceu com esse estilo. Do tipo que usa gravata borboleta, suspensórios, com uma careca reluzente e uma barbicha estilosa. E tudo nele fica bem. Da careca à gravata, dos suspensórios às calças jeans diferentonas, tudo combina com ele. Não é forçado. Não faz força para ser, não impõe nada. Simplesmente é.

Você sempre admirou isso nele. Sempre o considerou autêntico. Ele é designer, como a Dushka. E lembro de você sempre comentando dos dois juntos como o casal perfeito. A Preta também é muito estilosa e autêntica como ele. Do tipo que vai a uma reunião importante com moletom, calça de ginástica e cabelo amarrado com lápis, e conquista todo mundo por ser quem ela é: exímia profissional, que tem um senso estético de dar inveja e extremamente do bem. Uma alminha daquelas de querer ter sempre por perto.

E o Carlo é um dos seus fãs número 1. Aliás, o Carlo e Dushka. Porque até nisso você é filhadaputinea. Até no seu pretenso fã-clube existem vários números 1. De qualquer forma, o Carlo é especial. Ele é, acho, a pessoa que mais lembra de suas expressões e piadas.

Uma das coisas que você mais gostava era quando os dois desciam para Caraguá e fazíamos aqueles jantares intermináveis, de seis horas, em que se tinha comida e, principalmente, vinho e cerveja em abundância.

E quantas conversas tínhamos nessas noites deliciosas. Quantas brigas e quantas risadas. Gargalhávamos de ter vontade de fazer xixi na calça. Vocês, eu não sei, mas eu tinha sempre que sair correndo rumo ao banheiro mais próximo. E era nesses encontros que você dizia muitas de suas frases memoráveis.

Em uma dessas ocasiões, você e eu começamos a brigar — algo que fazíamos sempre, não importa local, companhia ou horário — porque eu havia assumido que tínhamos tendência a ser dramáticos. Você me arregalou os seus olhos cristalinos, com uma expressão de espanto total e disse, mesmo que ainda com a voz leve e sem muita movimentação corporal:

— Eu não sou dramático.

Rimos. Os três. E eu, sempre muito sarcástica e irônica, retruquei que não éramos só dramáticos, mas também os protagonistas da novela mexicana italianada. Que tudo o que falávamos era com eloquência, como você podia ver, já que, ao explicar a minha argumentação, eu mexia mais meus braços do que uma cantora de ópera de Puccini.

Você, subindo o tom de voz e mexendo levemente as mãos, repetiu:

— *Eu não sou dramático.*

Então, comecei a lembrar de todas as vezes que você havia gritado por eu ter feito algo fora de nosso comum acordo, mas nada grave a ponto de uma discussão, das vezes que discutia com alguma irmã e ficava dias sem ligar para se fazer de durão e ressentido, ou das vezes que discutia com alguém com tanta energia que a sua voz de tenor era a única a ser ouvida no recinto.

Você, já vermelho, com os lábios contraídos, levantou as mãos ao céu e esbravejou:

— EU NÃO SOU DRAMÁTICO!

E, enquanto proferia a frase, suas mãos desciam com voracidade até perto de seus quadris, desenhando um semiarco no ar.

A Dushka e o Carlo não nos aguentavam e quase sempre ficavam para rir de nossas tragicomédias, e eles nunca sabiam como seria o final de nossa ária.

Olhei para aquela cena e caí de rir no chão, dizendo:

— Babbo, se isto não é ser dramático, o nosso conceito de drama é bem diferente.

Você, envergonhado por ter entendido o que eu quis dizer, me explicou, com muita segurança:

— Figliola, eu não sou dramático, sou expansivo.

E todos caímos numa longa e deliciosa gargalhada que, obviamente, me levou ao banheiro pela décima vez naquela noite.

. . . .

Aquele que seria nosso último mês com você, depois do diagnóstico do Dr. Pavão e nossas previsões erradas, se transformou em apenas sete dias.

Não consigo entender até hoje como os dias daquela última semana, depois que decidimos descer para Caraguatatuba, demoraram tanto para passar. Em um dia parecia que tínhamos vivido um mês.

Não sei se era a constante adrenalina no corpo, a tensão de não saber o que ia acontecer no segundo seguinte, alguma energia universal que fez o tempo passar devagar para nos despedirmos com calma... Eu só sei que cada dia tinha 720 horas.

Tinha amanhecido novamente quente, você já estava usando um miligrama de oxigênio por hora, algo bem tranquilinho para te dar conforto, pois era possível até ficar sem.

Estávamos no nosso ritual matinal e você viu algo sobre a ascensão do Trump e me disse rindo:

— A minha sorte é que não estarei aqui para ver esta desgraça.

Seus olhos estavam brilhando de pura travessura. Caímos na gargalhada. Você sempre me ensinou isto, tentar pegar leve e rir — de preferência, gargalhar —, principalmente nos momentos mais difíceis da vida.

Foi quando em seguida apareceu alguma notícia na televisão sobre preconceito, algo que você sempre odiou. Um dos seus maiores orgulhos nessa área era a sua irmã mais velha, a Mima, que transformou a família em uma verdadeira cúpula da ONU. Você dizia que o marido dela, o Tomio, era o cara que você mais admirava no mundo. Sempre enchia a boca para falar dele.

. . . .

O Tomio era um japonês muito alto, muito bonito, extremamente inteligente e completamente nas nuvens. Ele sempre vivia em outro planeta. Tinha uma das criatividades mais puras e magníficas que já vi. Seus quadros, projetos ou qualquer rabisco que produzia era arte. E como todo artista raiz, não era capaz de fazer nada direito no cotidiano terreno.

Você adorava pregar peças no Tomio. Ele caía em todas. Um dia você ligou para ele, pois ele também era arquiteto, imitando um sotaque de alemão, e inventou que o Tomio tinha que ir ao CREA (Associação dos Engenheiros e Arquitetos) apresentar a carteirinha. Caso isso não fosse feito, seu registro seria suspenso. O Tomio ficou desesperado e saiu gritando para a Mima.

— Mimaa, o presidente do CREA me ligou e disse que se eu não levar a carteirinha agora vou perder meu registro! Onde está a minha carteirinha do CREA? Eu vou perder o direito de ser arquiteto!

— Tomio, espera um minuto — respondeu a sempre sábia Mima. — Quem te ligou mesmo?

— O presidente do CREA! Um alemão!

— Tomio, o presidente do CREA não liga para a residência das pessoas e ele é tudo, menos alemão! Adivinha quem te ligou de verdade?

Tomio ficou atônito pensando por alguns segundos e exclamou:

— Dedé, filho da puta!

Certeza que se a tia Mima ler esta história aqui, apontará inúmeras inconsistências, mas essa é a minha lembrança de criança e vamos a preservar dessa maneira.

Você e o Tomio tinham uma das amizades mais lindas que eu já vi. Lembro de você ir pra São Paulo, logo depois da separação, quando eu morei seis meses com a tia Mima. Você ia pegar o Tomio para tomarem um café fora. Conversavam por horas e horas. E falavam sobre tudo. Muitas vezes só iam passeando pela calçada da Paulista sem falar nada, mas estavam ali, juntos.

Pena que o Tomio foi embora bem antes de você, levado por uma doença que até hoje, para mim, não está muito bem explicada e, para falar a verdade, eu também nunca tive coragem de saber mais sobre ela, nem o nome consigo lembrar. Não porque não se sabia dela, mas porque foi tão violenta que não deu tempo a ninguém, como a sua deu para mim. Não tem explicação pela crueldade como chegou e por ter levado Tomio embora tão rapidamente.

O Tomio e a Mima tiveram duas filhas maravilhosas, a Mayu e a Dushka. A Mayu nasceu dezenove dias depois de sua filha Evinha. Eu a chamo de Pandeco. Porque ela é um Panda. Eslavo-japonesa, curvilínea, louca por chocolate, faixa preta em karatê, herdou toda a potência criativa do Tomio. Hoje, ela é diretora de criação. E eu nunca vi alguém criar tanta coisa incrível como ela produz.

A Mayu tem uma sensibilidade ímpar e sempre ouve a gente. Eu a acho muito parecida com o tio Tomio. A mesma pegada artística e criativa. Apesar de ser muito operacional, ela tem, como o pai, aquela bossa artística de fazer as coisas, algo menos rígido, mais fluido. Característica que eu sempre achei essencial em quem tem talento de verdade, pois não pode ter muito os pés na terra, sabe, Babbo?

Ela se casou com o Wilson, um homem negro com ascendência indígena de 1,93 m. Ele sorri com 56 dentes. Tinha até pouco tempo um cabelo todo *dreadlock* que ia até o meio das costas. Todo o tamanho é só para caber a sua doçura extrema e seu talento para música. Engenheiro elétrico, fazia o DJ de *black music* nos anos 2000 e agora está mais para rodas de samba com os amigos. Os dois tiveram a Nikki. Então, a Nikki é uma mistura de eslovenos, japoneses, africanos e indígenas. Apesar de ter apenas doze anos, já tem 1,77 m e não sabemos onde essa menina vai parar.

A Nikki era um terror quando pequena. Acho que uma das crianças mais insuportáveis que já conheci. Conseguia chorar por horas sem cansar. Chorar e gritar. Chorar e gritar. Apesar de não ter nascido na época, sei da fama da Mayu e não consigo julgar qual criança, mãe ou filha, foi a pior. Só sei que um dia a Mayu estava exausta, chorando na mesa da cozinha do apartamento com aquela cara de desespero porque não sabia o que fazer com aquele, então, monstrinho de dois anos de idade.

Me lembro de dizer para ela ficar sossegada. Todas as Sobans nascemos da pá-virada e depois sofremos um processo de "embananização" e viramos verdadeiras patetas bobalhonas. Não deu outra. A Nikki é a rainha das Bananas da família. Assim como a mãe, possui o mesmo talento para arte. Digo que ambas usam óculos de Pantone e veem o mundo nessa escala de cor com graus de saturação, contraste, brilho e todas as ferramentas do Photoshop. E como ela será, de longe, a mais alta da família, a "embananização" será ainda mais potente.

Já a tia Eva contribuiu com o Nelson. Seu companheiro judeu, que você chamava de "o meu ginecologista preferido". O Nelsinho tem uma sabedoria ímpar. Sabe ouvir como ninguém e só fala aquilo que passou pela peneira de Sócrates. Ele é um grande cara.

Toda a reunião familiar tinha essa galera toda. Em dez pessoas, era possível passar por descendências de quase todo o canto do mundo.

Sempre falávamos de tudo, sem tabu, sem vergonha, sem medo. O respeito era intrínseco e o amor real. Você adorava ser politicamente incorreto, dizer algumas piadas que podiam ser mal interpretadas, mas odiava o racismo. Odiava a não igualdade dos homens. E em um desses eventos, precisamente num almoço de Páscoa, nós, que vínhamos de Caraguá para São Paulo, sempre acordávamos cedo, você mais do que eu, ansioso em ver os seus, me apressando para pegar o rumo da estrada e poder chegar o quanto antes no apartamento da tia Mima, o centro de nossa família, depois que o Tata, seu pai, e a vovó Marta, sua mãe, saltaram também deste planeta.

No meio de toda gritaria e assuntos mil, assim sem querer, o Wilson começa a contar um pouco de sua realidade. Menciona todas as vezes que foi parado na rua por um guarda perguntando se ele estava com as notas fiscais das roupas que usava no momento porque tinha cara de terem sido roubadas. Ou ter que obrigatoriamente guardar todos os recibos dos pedágios porque uma hora ou outra algum guarda iria pará-lo acusando-o de ter evadido a cabine. Contava também sobre todas as vezes em que era parado para ter o carro revistado à procura de drogas ou qualquer outro tipo de tráfico ou contrabando. Que ele nunca pôde correr pela rua, pois logo achavam que ele estava correndo atrás de alguém, ou um policial o parava porque julgava que ele estava correndo porque havia cometido algum delito.

O Wilson desfilava histórias cada vez mais horríveis sobre a sua realidade e, pasmem, com leveza, um sorriso no rosto e tentando levar na brincadeira. Você foi ficando vermelho, vermelho, e tentou falar alguma coisa, mas logo se calou. A gente automaticamente, tipicamente Soban, foi levando a conversa para outro lugar, como fazíamos com todas as conversas. Mas eu lembro de você ter ficado ali, pensativo.

Pensativo porque nunca conseguiu acreditar que seres humanos poderiam ser tratados com tanta diferença por causa da raça ou cor da pele. Chorávamos juntos ao ver qualquer notícia de gente machucando outra gente ou bicho. Ficávamos possessos, queríamos ir lá e lutar contra. Odiávamos os colonizadores, os ditadores, os tais poderosos. Você sempre fez questão de me criar com os lobos. No meio da Cocanha e da Mata Atlântica, descalça, entre bichos, gente simples e verdadeira. Você me criou solta. E quis me criar sem referência de distinção de raça ou cor. Você me ensinou que éramos diferentes e iguais. Só que, quando criança, eu não sabia diferir muitas coisas. Trocava o R pelo L, comia berinjela pensando que era peixe e, mesmo entendendo das diferenças étnicas existentes, não conseguia identificar cor. Tanto que você adorava recontar a história em que eu, com quatro anos, argumentava com toda a minha razão da idade, o fato de que Michael Jackson, antes do vitiligo, ser mais branco que você. Era o que via. Acredito que não deveria ser certo não saber fazer essa identificação, mas era um limite meu na época. E meu limite te fazia, para a época, se encher de orgulho. Sua maior decepção era perceber que o mundo não foi feito de Babbos que queriam criar suas filhas e filhos versões melhores de si mesmo. Você se entristeceu ao entender que a maioria fazia questão de passar as mesmas neuras, pensamentos obtusos e retrógrados àqueles que deveriam ser suas supostas evoluções.

Voltando para casa naquele dia, você começou a chorar no meio da rodovia Ayrton Senna. E gritou de raiva e impotência por não entender o ser humano e, sobretudo, "essa raça cruel e macabra que é o homem branco europeu".

— Para que serve esta merda de gente que só destrói e mata? Para quê?

Lágrimas saíam de seus olhos. Eu, dirigindo, não sabia o que fazer além de parar o carro e te abraçar. Te abraçar bem forte. Nunca te senti tão fragilizado. Não pela doença que logo te abarcou, mas por sentir-se impotente. Antes, eu havia te visto chorar poucas vezes na minha vida, soluçar, duas, no máximo, e aquela foi a terceira vez.

Ao terminar de ver a notícia na televisão, naquela manhã quente da sua última semana, você apertou a minha mão com força e disse, como se lembrasse de tudo isso:

— Cuida da ONU por mim, tá?

— Cuido, sim, Babbo.

> Todo mundo solta pum, arrota e vomita. Se você crescer, nunca se leve a sério, você vai continuar peidando, arrotando e vomitando. Nunca se leve a sério. Muito menos quem se acha melhor que alguém. Esses devem ser, cada vez mais, levados menos a sério. Seja o Presidente da República, o Papa ou um popstar, todos somos poeira universal e mesmo o maior dos feitos não fará nem cócegas na história da Terra, quiçá, da Galáxia, quiçá do Universo. A verdade, Figliola, é que não somos nada. E está tudo bem. Lidar com a nossa pequenez é o nosso maior desafio. O resto é bobagem.

MEUS 3.457 NAMORADOS

> SER FILHA DE BABBO É APRENDER A ESCOVAR OS CABELOS SÓ AOS DEZOITO ANOS E ATÉ HOJE NÃO FAZER DIREITO.

— O que você vai fazer com o Eslavo?

Você me soltou essa depois de fazer o pedido para cuidar da ONU, ainda deitado ao meu lado na cama.

— Não sei, Babbo. Não sei.

— Figliola, o Eslavo é um cara gente boa. Dos 3.457 namorados que você teve, ele é um dos que eu gosto. Mas meu *feeling* me diz que você não vai aguentar por muito tempo. Eu te criei liberta. Não vi ainda um homem que conseguisse te segurar.

Você pôs sua mão enorme na minha cabeça e bateu de levinho nela, o que seria uma representação de um carinho *hooligan*.

— Tenho um sentimento confuso sobre esta sua situação. Na verdade, me arrependo um pouquinho por ter te criado tão independente. Porque sei que será difícil você encontrar alguém que esteja realmente ao seu lado, à sua altura. Tudo bem que, como seu pai, nunca acharei ninguém suficientemente bom para você. Mas acho que isso também é culpa minha. Te fiz exigente, rebelde e extremamente forte. E sei que nós, homens, somos, de verdade, todos uns babacas. Eu sempre te disse isso. Desconfie do homem que se ache superior a uma mulher ou não se ache babaca. O homem vira esse homem metido a machinho escroto quando ele percebe o quão ninguém é sem uma mulher ao lado. E o quanto a mulher é forte. Então, usando a benevolência e o dom de amar da mulher, ele a subjuga e ela acredita. Ah, se a mulher soubesse o quão inteira ela é! A mulher se vira. Ela é a força da natureza. Pena ela não se reconhecer. E cria homens mimados e subjuga suas filhas. Disso eu tenho orgulho. Você nunca foi subjugada. Eu sempre deixei você ser esta força da natureza. Para o bem e para o mal. E foi dos seus tombos e conquistas que você se tornou este ser especial e preparado para enfrentar qualquer guerra, obstáculo ou problema.

Assim como você tinha a capacidade de me fazer rir, você também me fazia chorar com a mesma intensidade.

. . . .

Essa nossa relação de intimidade total começou lá nos meus nove anos. Você tinha medo de que eu engravidasse fora da hora e desde os meus nove anos me levou a uma ginecologista. Você queria que eu tivesse educação sexual. Soubesse de tudo. Sempre quis me preparar, me dar conteúdo para eu passar por todas as minhas fases. Como se mostrasse o caminho para meu aprendizado, mas quem teria que dar os passos era eu, você nunca caminhou por mim. Por muitas vezes fiquei com raiva por você me deixar sozinha em vários momentos. Eu nunca me senti só, sempre soube que, caso eu precisasse, você estaria lá, mas me vi muitas vezes sozinha nessa minha estrada. O que hoje, ao olhar para trás, agradeço, porque foi exatamente essa criação que me deu forças para estar aqui hoje, escrevendo este livro e andando como as minhas próprias pernas, fortes, como você me treinou.

Fui uma pré-adolescente feia. Era gordinha, desengonçada e tirava notas altas. Enfim, sofria muito *bullying* na escola. Nos bailinhos, eu sempre ficava com a vassoura. Me chamavam de "Liv Sobrô". E nunca tinha um menino sequer para conversar comigo com interesse em mim. A não ser nas épocas de provas, quando todos vinham pedir cola.

De repente, aos treze anos, por uma dieta que fiz, mas também pelos hormônios, floresci. A gordinha tinha virado, dizem, uma das meninas mais bonitas da escola. Só que com a mentalidade de gordinha, sempre e até um pouco hoje, sofria e sofro por não entender que os meninos se aproximavam por outros interesses além da cola da prova.

O meu primeiro beijo de língua oficial foi aos doze anos, um pouco antes desse florescimento. As minhas amigas bonitas da escola tinham se juntado e decidido que eu ia deixar de ser BV (boca virgem). Elas, poderosas, escolheram o menino que seria o desbravador. E, um dia, após o vôlei, vejo o grupinho falando com esse menino. Ele era alto, popular e todo cheio de charme. Quando me deparei com a cena e elas perceberam a minha presença, se viraram e se rodearam, desta vez, à minha volta. Duas delas me pegaram pelas mãos e me arrastaram até o Pré do colégio, como dizíamos na época, onde muitos beijos ginasiais eram roubados.

Estava lá ao lado do escorregador e apareceu o menino. Meio sorriso, mais velho, com aquela carinha marota e repleto de segurança. Eu tremia, minhas mãos suavam e eu ficava pensando "que raios eu estou fazendo aqui?". De repente, ele chegou e a gente trocou três palavras. Tentei levá-lo para a zona que me era confortável, a da eterna amiga. Por um tempo, consegui. O fiz rir e ele me fez rir também. Até que se virou e me tascou a língua na boca. Lembro como se fosse hoje. Senti que era a coisa mais nojenta que já havia provado e estava torcendo para acabar logo. E como não acabava, acabei o empurrando. Ele estava com cara de assustado com uma mistura de "quem é esta menina que pensa que pode me empurrar?". Para não piorar a situação, logo emendei:

— É tudo muito novo para mim, preciso me acostumar. Você poderia ir com mais calma?

Era tudo ou nada. Ou acabaria vítima de mais um *bullying*, o que já estava acostumada, ou conseguiria atingi-lo com meu pedido. E a segunda opção foi a escolhida.

Ele me segurou pelas costas e me deu um beijo macio e tranquilo. De repente, minhas pernas pararam de tremer, minhas mãos pararam de suar. E senti que aquele foi o meu primeiro beijo de verdade.

Seria mentira se dissesse que não havia tido duas tentativas anteriores a essa. A primeira com o irmão de minha amiga, mas éramos muito pequenos, não lembro se tinha língua e não tinha hormônio. Éramos duas crianças imitando os adultos. Apenas. E uma segunda numa festa que dei em casa com as minhas amigas do outro colégio, enquanto você, Babbo, estava na balada. Estava com as minhas amigas e uma delas, bem adiantadinha para a idade, chamou os meninos descolados da cidade. Chegaram em um grupo. Um deles tentou me beijar. E logo recuei. Não queria que fosse daquela forma. Não me parecia certo.

Aquele dia no Pré do colégio foi diferente. Depois de três longos beijos, demos as mãos e voltamos à quadra. Era só sorriso. Olhei o relógio e todos já tínhamos que voltar para as nossas respectivas casas.

Quando cheguei, você olhou para mim e perguntou:

— O que você fez que está diferente?

— Eu beijei de língua pela primeira vez. Não sou mais BV.

Você arregalou os olhos e tentou ser mais amigo que pai, o que eu preferi mil vezes.

— Foi bom?

— No começo não, mas depois acho que deu certo.

— Ele é legal?

— Foi só um beijo, Babbo, não vamos nos casar. Mas para o primeiro beijo, foi sim.

— Se você precisar de mim, é só chamar, tá?

Essa sua atitude era muito brilhante. Porque por mais que eu caminhasse e construísse minha estrada "sozinha", tinha certeza de que com menos de um sinal de fumaça, você estaria ao meu lado para me ajudar com o que fosse. E isso me dava tanta segurança que eu, apesar de me rebelar algumas vezes, nunca me senti, de fato, só.

Não foi diferente na minha primeira vez.

Você começava a perceber que a movimentação em casa era outra. Meninos vinham com mais frequência ao portão de casa para conversar comigo. Toda vez que eu entrava em casa, você:

— Quem é esse fulano?

— Babbo, é o menino filho do Sicrano que você acha legal. E ele é meu amigo.

— Vocês já se beijaram?

— Babbo! Ele é meu amigo. Não beijo meus amigos.

— Ok.

As baladas também estavam mais presentes no meu cotidiano. Mesmo saindo à noite, indo a festinhas, discotecas etc., eu bebia água. No máximo, coca-cola *light*, e dançava a noite inteira. Só. Eu não via nada demais acontecendo à minha volta ou o meu cérebro editava as informações. Porque pessoas diferentes iam para o mesmo lugar que eu, até você ia para o mesmo lugar que eu, e obviamente as nossas experiências eram totalmente diferentes. O que você me descrevia desses lugares, as minhas histórias não chegavam nem ao dedinho do pé das suas. Você via gente transando e usando drogas e eu via selinhos sendo dados, pedidos de namoros e músicas sendo dançadas.

Lá pelos meus dezesseis para dezessete anos, muitas amigas minhas já não eram mais virgens e tinha aquela história na escola de quem ia tirar a virgindade de quem. Essas coisas de adolescentes que sempre são carregadas no hormônio e na razão cega. Eu, me enchendo de tudo aquilo, e percebendo que não queria ficar tachada como virgem puritana nem fazer um porta-estandarte disso – principalmente porque a minha cabeça não suportava essa posição da virgem –, decidi um belo dia que ia perder a virgindade.

Tinha chegado da capoeira, eram seis da tarde. Você já estava me esperando para as nossas sequências de jogos (xadrez, gamão, yan) e eu me sentei na sua frente e disse:

— Babbo, vou perder a virgindade.

Acho que nunca vi seus olhos tão arregalados.

— Como assim, Figliola?

— Ah, sei lá, Babbo. Puta exagero que fazem sobre isso. Virgem. Não virgem. Estruturação social estranha. Uns ficam querendo valorizar demais. Outros acham que é desmerecimento perder. Eu acho tudo uma grande bobagem. Quero passar de fase, quero começar a minha vida livre. Não quero ficar dando tanto valor para algo que, para os homens, o orgulho é o oposto. Me ofendo ao ouvir que os pais de meus amigos os incentivam a perder a virgindade e as meninas são presas em casa. Que merda é esta? Por que é diferente? Por que eles podem e eu não? Quero não ser mais virgem também. Como a maioria dos meus amigos não são mais.

— Não tenho o que dizer. Você tem razão. Perca a virgindade e vá viver a sua vida. O Cuspet já tinha me aconselhado sobre isso. Eu estava morrendo de medo deste dia e ele, como sempre muito cirúrgico, me contestou: "se fosse menino, você não estaria feliz da vida se o seu filho transasse e pegasse todas? Por que seria diferente com a sua filha?" E a partir do que ele falou e com o que você está me dizendo agora, tenho a certeza de que não há filha tão inovadora e perfeita para romper essa regra ridícula de que você. Mas vamos aos detalhes importantes. Sabe usar camisinha? Precisa comprar?

— Babbo, você me leva na ginecologista desde os meus nove anos. Eu sou Ph.D. em educação sexual. Pode deixar. Eu sei.

— Quando será?

— Não sei, mas não vou te contar antes porque acho chato. Quando acontecer, a primeira pessoa que saberá será você, combinado?

— Combinado.

Jogamos cinco partidas de xadrez, quatro de gamão e finalizamos com duas de yan para encerrar a noite.

Nos dias seguintes, você ficou me cercando, meio criando momentos para perguntar se eu ia sair, se já saí, com quem, onde eu fui etc., como se quisesse me dar abertura para contar algo que ainda não tinha acontecido.

— Ainda não é a hora, Babbo.

Passados alguns dias, voltei a olhar com interesse para um menino na escola que era muito, muito bonito. Já havíamos tido um "relacionamento". Beijos, pequenos carinhos sobre a roupa, mas sem chegar em nenhum lugar íntimo, enfim, um namorico puro. E ele me passava confiança, aliás, sempre me passou. Era e é até hoje um cara do bem. Eu sabia que ele estava fora da competição de quem ia tirar a virgindade de quem e essas ladainhas inadequadas da época. Escolhi ele. Liguei e o chamei para sair. Foi me pegar em casa, paramos o carro na praia e começamos a nos beijar. A coisa começou a esquentar e perguntei a ele se havia trazido camisinha. Ficou tão assustado com o que eu havia mencionado que perdeu as palavras por alguns segundos.

— Nós vamos transar hoje. Você será meu primeiro.

— Aqui no carro?

— Aqui no carro.

— Mas você não quer ir para um lugar mais confortável?

— Não, eu quero acabar logo com isto. Na próxima nós vamos, pode ser?

Eu sempre fui muito determinada. E mandona. Lembro hoje dessa noite e tudo me faz rir. Como adolescentes são engraçados, porque tudo vira uma cena desastrada. Acho que pela quantidade de hormônios, pela transformação do corpo, da mente, das ideias, tudo fica estabanado. Tudo tropeça, cai e levanta. Enfim, fomos à cidade para achar uma farmácia e comprar camisinha. E voltamos à praia.

Afastamos e deitamos o banco daquele Uno preto ao máximo. Eu, extremamente incoerente, queria tirar a virgindade de mim, mas não queria ver o sexo dele. Simplesmente não queria. E ele foi super gentil. Calmo — para um adolescente transando com uma virgem. E acho que o sexo, com as preliminares, durou vinte minutos no máximo. Um recorde para o que se ouvia nos corredores da escola.

Quando acabou, fiquei pensando se todo aquele manifesto que existia sobre virgindade era para aquilo. Voltei para casa. Você ainda estava acordado, desenhando alguma coisa na prancheta. Olhou para mim dos pés à cabeça e disse:

— Como foi?

— Todo um estardalhaço por isto?

— Hahaha, Figliola, calma. A primeira, principalmente para a mulher, nunca é tão bom. Ele foi legal?

— Ele foi. Acho. Tranquilo.

— Menos mal. Quer jogar xadrez?

— Quero.

— Vai tomar banho e te encontro na sala.

E passamos o resto da noite jogando xadrez. Em silêncio.

No fim da noite, você me levou para a cama, me pôs para dormir. Beijou minha testa e sussurrou:

— Tenho muito orgulho de você, Figliola.

. . . .

E sempre fomos cúmplices assim. Você me contando as suas aventuras e eu as minhas. E é óbvio que minhas novidades não acabaram com a minha primeira vez. Na época da faculdade, comecei a beijar mulheres, mas tipo de diversão, nada sério. Aos 22 anos, recém-formada, fui morar na Itália e tive minha primeira experiência sexual com uma mulher. Tudo era tão novo que precisei te ligar imediatamente após:

— Babbo, fiquei com uma mulher. Não de beijar. De sexo mesmo.

— Você gostou?

— Achei legal. Meio doce demais. Mas fez sentido. Acho que sou bissexual.

— Figliola, ser bissexual é evolução. Acho que no futuro não terá nem sexo. As pessoas não vão se apegar a padrões tão atrasados. O importante é você estar e ser feliz. Se fizer sentido, continue. Essa coisa de ficar se colocando bandeira é provinciano. Seja Liv. Seja Vida. Seja você.

Ainda deitados na cama naquele janeiro ensolarado, depois de falar do Eslavo, você pegou na minha perna e perguntou:

— E você nunca mais ficou com mulher?

— Não, Babbo. Mulheres são doces, frutadas, homens têm gosto amadeirado, mais cítrico. Eu gosto mais deste sabor. Não que mulher não seja bom. Mas, infelizmente, não sou tão evoluída assim a ponto de ser bissexual. Retrocedi ficando velha.

— Você já foi evoluída o bastante para experimentar, sem amarras ou pré-conceitos e escolher o que prefere. O importante é nunca se prender a nada que te faça mal ou que queira te colocar numa gaiola. Independentemente do gênero, as pessoas tentam segurar as outras colocando coleira. E a maior besteira, tanto para mim quanto para você, é quando tentam nos segurar assim. Se soubessem que nos deixar livres para voar é a única forma de nos conquistar, acredito que nossos relacionamentos seriam mais completos e plenos. Eu estou indo embora, mas você ficará ainda na Terra por um bom tempo. E quanto mais te deixar livre, mais ao lado você fica. Você tem uma das raras qualidades que mais admiro num ser humano: lealdade. Você é leal. E quem te dá o que merece, você fica tão grata que sempre estará ao lado da pessoa. Você é assim com todo mundo. Vejo com seus amigos, com sua família, com seu trabalho, comigo... Ao relembrar de todas essas histórias nossas, retiro o que disse anteriormente, não me arrependo em nada de como te criei. Tenho sorte de você ser arretada a ponto de não ficar ruminando nenhuma situação em que o saldo está negativo. Se está ruim, você vai lá e corta pela raiz. Oferece o caminho e, se o cara não percebe depois da quinta vez, você segue em frente. Sozinha. Mas sempre avante.

— Babbo, uma das minhas maiores tristezas é que você não viu filho meu ou nem me levou para o altar...

— O que é isso? Virou santa agora? Caraleo, escuta bem: amo isso em você. E quer saber? Vou embora com a cabeça tranquila porque você, tenho certeza, nunca se permitirá sofrer ou se abater demais em um relacionamento a ponto de se destruir. Se muitos pais têm o orgulho de levar a filha pro altar e vê-la grávida, o meu orgulho é ver uma filha disruptiva, sem medo de experimentar, sem amarras sociais e que faz um dos voos mais livres que já presenciei. Você está construindo o seu caminho, sem copiar nenhum, com sua integridade de conduzir a sua vida como bem entender. E você será grande.

— E mais uma coisa, o Eslavo tem prazo curto. Eu sei que você gosta muito dele. Mas ele não te aguenta. E está tudo bem. Deixa ele ser feliz de verdade. E vá voar, Figliola, vá voar.

> Uma das maravilhas de ser pai é ter orgulho do inesperado. Do fora do padrão. É se permitir criar algo inovador que saiu de você e permitir que esse ser cresça, se desenvolva e faça seu melhor, sendo diferente, sendo novo. Os pais que buscam o mesmo para seus filhos contribuem para uma sociedade retrógrada e pouco evoluída. Soltem seus filhos, deixem eles serem o que quiserem. A humanidade agradecerá.

ACEROLA, OSTRAS E AMIZADES

> SER FILHA DE BABBO É FICAR ANSIOSA PARA CHEGAR O ALMOÇO E O JANTAR PRA SENTAR-SE DIANTE DO PAI E CONVERSAR POR HORAS E HORAS.

Zinho era um dos seus grandes amigos, mas, pelas coisas da vida e do cotidiano, vocês acabaram se deixando de lado, mesmo morando na mesma cidade. Houve uns desentendimentos, alguns tropeços, mas nada muito grave. A distância surge quando achamos que outras prioridades são mais importantes — e nunca são — e deixamos falar mais alto a preguiça de mudar a rotina para ver alguém que amamos. Muitas vezes nos fechamos no cotidiano e não nos esforçamos em nada para sair dele. E seguimos com uma vidinha que pode até ser legal e boa, mas acaba perdendo referência. Pessoas e situações diferentes enriquecem nossa trajetória. Pena que descobrimos isso sempre nos piores momentos.

O Zinho, depois de descobrir sobre a sua doença, ficou com a gente todos os dias até você decidir saltar do planeta.

Selma, sua mulher, e ele são um casal muito amado e querido. Vocês já aprontaram muito. Eram parceirinhos de construir coisas na oficina, pois ele tinha uma marcenaria, e vocês faziam muitas obras juntos. E reclamavam da falta de grana juntos também. Sempre idealistas, com princípios, nunca foram muito de panelinhas ou de puxar saco de alguém. Por isso, apesar de serem grandes profissionais, sempre tinham problemas com dinheiro.

Até que um dia tentaram construir um condomínio. Um projeto de seis casas em um terreno perto da Martim de Sá. As casinhas eram super bem resolvidas. Você me dizia que desamassava prego na obra para economizar na construção. Era tudo calculado. E como era de se esperar, veio uma crise monstra e vocês não conseguiram vender direito nenhuma das casinhas. Os empreendimentos pessoais nunca foram muito o seu forte, Babbo.

Na sua última semana de vida, você já estava na época em que não queria comer mais nada. Tudo estava ruim. Nada tinha sabor. Já estava usando oxigênio para manter a sua saturação e não importava o que se cozinhava, você levantava a mão e fazia o sinal de mais ou menos com ela.

Em um desses dias o Zinho colheu um monte de acerolas da árvore da casa dele e chegou todo motivado a te fazer feliz:

— Dedé, te trouxe acerolas colhidas do pé! O que acha de um suco? – e você, com uma delicadeza de um mastodonte, respondeu:

— Enfia as acerolas no cu! – todos rimos.

— Babbo, um suquinho com laranja e acerola, o que acha? – eu perguntei.

— Tá bom, quero um suco de laranja com *uma* acerola.

Rimos mais uma vez e fizemos seu suco com uma única acerola. Que, incrivelmente, você tomou quase inteiro. Nesse dia, você deveria fazer um exame chato na cidade, e o centro de Caraguá ficava a quinze quilômetros de casa.

Você estava tão fraquinho que sentar na cadeira de rodas era complicado. E você tinha acordado com vontade de comer ostras. Seu grande amigo Laertin e sua irmã Eva estavam lá também. Liguei para o seu médico, o Dr. Pavão, e perguntei:

— Dr. Pavão, meu Babbo acordou com desejo de comer ostras e vinho branco. Hoje teríamos que fazer o exame de creatina, mas ele está tão fraquinho que talvez sofra muito para fazer todo o caminho para a cidade. O que devo fazer?

— Sem dúvida nenhuma, minha querida, ostras e vinho branco. Curta o seu Babbo e sejam felizes como sempre foram.

E assim foi.

Sabia que o seu outro grande amigo, o Ivan, também conhecido como Druzu, estava chegando, e o gigante Ghazi talvez aparecesse. Assim, enquanto o Laertin ficava te fazendo companhia, fui com a tia Eva fazer compras.

O Laertin estava escrevendo um livro em que você era um anjo rabugento. E estava te lendo o livro, lembrando das memórias que vocês tinham quando jovens.

Encomendei as ostras, comprei o vinho branco de que você gostava e voltamos para a casa. O dia estava gostoso, o sol ameno, era daqueles dias em que você respira esperança, sabe? Quando o ar está quente e úmido. Acolhedor. Um ar que afagava.

No final, a tia Su, irmã da minha mãe, ligou e também ia aparecer. Cheguei em casa e gritei:

— Babbo, vai ter festa hoje!

Você já um tanto rabugento, grunhiu algo, mas deu um sorriso no canto da boca.

As ostras chegaram e, aos poucos, as pessoas também. Você ficou semideitado na cama e todos que pisavam em casa, subiam o andar que dava para sala e iam imediatamente sentar-se ao seu lado. Eu, da cozinha, via a roda aumentar e sentia um amor tão grande que até eu me contaminava com esse amor. Todos estavam lá para te confortar. Tinha deixado a tristeza de lado, a sensação eminente de perda, e estavam lá para ser seus. Com sorrisos nos rostos e olhos marejados, era a hora de recordar os bons tempos. Coloquei a mesa com ajuda da tia Eva, arrumei as ostras e deixei o vinho gelar. Antes de nos sentarmos à mesa, a tia Su deitou ao seu lado e fizemos várias fotos de vocês "sensualizando". O clima era de alegria e festa.

Todos se sentaram e, com ajuda de seu cuidador, te sentei na cadeira de rodas e te levei à mesa. Te servi uma ostra, um copo de vinho branco e um copo de suco de maçã com gelo. Estávamos ansiosos para vê-lo comer. Ninguém se mexeu e todos respirávamos baixinho, com cautela para não atrapalhar o seu momento. Espremi o limão e você, já com a carinha murcha, pegou a ostra e colocou na boca. Deu um mini gole no vinho. Fez uma expressão de estar tomando algo ruim. Bebeu suco de maçã. E pediu para sair da mesa.

— Por favor, fiquem aqui, eu não consigo, mas peço para conversarem e sorrirem. Estarei aqui ao lado, descansando, mas com vocês.

Ninguém conseguiu conter a tristeza que estavam repreendendo há tanto tempo. Eu te ajudei a voltar para a cama, te beijei e voltei para a mesa para tentar criar o clima que sabia que você queria.

Servi ostras para os seus amigos e muito vinho. Comecei a perguntar sobre o passado e foi então que a magia começou.

O Laertin, o Druzu e o Zinho começaram a relembrar as situações em que você foi incrivelmente pilantra, fodamente perfeito ou amigo para caraleo.

Você sempre gostou da palavra putaria. Mencionava muito essa palavra quando me contava sobre os momentos com seus amigos. Não essa putaria condenada, mas aquela que você aprende a olhar o outro com mais apreço, com mais respeito. Aquela putaria em que você aprende que a sua verdade não é a absoluta. Quando você deixa de ser irredutível e começa, ao ouvir segundas e vigésimas opiniões, a repensar as suas. É quando você dispensa aquela velha opinião formada sobre tudo e passa a viver o momento. Putaria, para quem não percebeu ainda, é o simples fato de aceitar a vida como ela é e vivê-la. É a trajetória. São seus choros, seus tombos, suas risadas. O pacote completo.

Para você, putaria pode ter uma definição magnânima, assim como todos os outros palavrões proferidos. "Eu determino aquilo que eu quero que seja, não a sociedade ou ninguém". E, para você, o amor, a leveza e o senso de humor são essenciais para se viver.

Óbvio que há defeitos, assim como todo o ser humano, e muitos. E como você também ensina: se formos passar o filtro em todos, inclusive em nós, nem a gente sobrevive à nossa própria seleção.

*"Nós damos significados às palavras.
Tem gente que vê palavrão como coisa suja.
A sujeira sempre está na cabeça de quem julga ou
critica. Eu vejo palavrão como expressões únicas de
demonstrar o tesão pela vida. Toda vez, Figliola,
que você falava 'cadê minha mamadeila, pola',
eu me enchia de orgulho, porque já estava
ensinando você, um serzinho de um ano e pouco,
a ser livre de preceitos, preconceitos e regras
estúpidas. Fale palavrão, mas não tenha sujeira
ou perversidade na sua cabeça."*

. . . .

E, da sua cama, o que você fez? Começou a corrigi-los. Você arrumava os nomes das ruas, das pessoas ou de situações inteiras. A sua sempre lucidez estava ainda mais aguçada. Você estava vivo.

O Laertin lembrando da vez que vocês tentaram fazer algo em Caraguatatuba e nunca dava certo. Porque vocês eram inocentes e contavam os planos de vocês para outra pessoa, que acabava roubando a ideia. Não eram poucas as vezes que tentaram não só melhorar a cidade, mas também criar algo que traria sustentabilidade para vocês dois, só que sempre havia alguém ou algo que os impedia.

— Não adianta, Dedé, não nascemos para ser ricos — bradava o Laertin rindo. E você ria com ele.

No meio da conversa, o Ghazi chegou. O Ghazi é um homem que passa os 1,90 m. Deitou ao seu lado e te beijou. Você, mesmo machucadinho do câncer, continuava grandão. Estavam os dois lá deitados numa cama, dividindo aquele momento.

Se vocês não fossem enormes, a cena seria a de duas meninas de doze anos conversando e confessando sobre a vida, descobertas e futuro. Essa cena será sempre uma das mais lindas das minhas memórias.

O Ghazi se levantou, carinhosamente deu um tapa na minha cara como sempre fazia para expressar seu amor e disse para eu cuidar bem de você.

Comemos todas as ostras, bebemos todo o vinho, falamos sobre as boas lembranças. Tudo bem que a minha cabeça não estava muito boa nessa época, e, na verdade, não sei dizer se já esteve algum momento boa ou se ficará novamente um dia. Mesmo que me esforce, não me lembro das histórias relembradas naquele dia. Também não é para menos, afinal, nunca tive a mesma lucidez que você. Então, não me lembro dos nomes das ruas, nem de nada do que falaram, mas sabe do que me lembro desse dia? Dos cliques das taças brindando a você. Das risadas. E, principalmente, da sua risada.

Foi um dia feliz, Babbo.

" Ser filha de Babbo é falar palavrão para caraleo porque, para seu pai, palavrão é poesia. Ser filha de Babbo é aprender a mexer na furadeira, na chave de fenda, a trocar resistência de chuveiro e não saber varrer o chão. "

O ÚLTIMO MERGULHO

O dia amanheceu lindo. Era meados de janeiro e estava o verão perfeito. Eu tinha dormido na sua cama, a tia Eva na minha e o Laertin no quarto de hóspedes lá embaixo no térreo. Acordávamos muito cedo porque você acordava cedo. Eu descia às cinco da manhã para deitar ao seu lado e ficar com você até às 6h45 quando começava a querer comer.

Ultimamente, você tinha cada vez menos fome, mas esse dia você quis comer ovo mole com pão e café com leite.

Eu quase pulei de felicidade ao saber que estava com vontade de se alimentar. E, enquanto os cuidadores cuidavam de você — dando banho, escovando os dentes e trocando de roupa —, eu fui logo fazendo seu café da manhã.

Esses cuidados vieram nas últimas duas semanas, quando o Dr. Pavão exigiu que tivéssemos cuidadores. Ele havia dito que nós — Evinha e eu — iríamos enlouquecer caso não tivéssemos ninguém pra nos ajudar. E assim trouxemos dois.

Eles realmente cuidaram de situações que, se tivéssemos ficado com mais essa responsabilidade, não conseguiríamos dar a você o que realmente precisava: amor e despedida.

Acho que fiz o melhor ovo cozido mole da minha vida. O pão estava fresquinho. Você continuava querendo o café com leite que antes odiava. Acredito que era a forma que o corpo pedia nutrientes fáceis de serem ingeridos.

Todos os líquidos que você ingeria vinham obrigatoriamente com espessante. Gastei naquela semana um pote inteiro para chegar à fórmula perfeita para você engolir sem ficar muito pastoso a ponto de perder o gosto do alimento ou ficar com aspecto líquido.

Você já tinha tomado banho e estava todo penteadinho, sentado na cadeira de rodas, de frente para a mesa, esperando que eu levasse o seu café da manhã.

E, apesar de você não ter apetite no restante das refeições, esse horário da manhã era quando você tinha mais fome e comia bem. Te ver se alimentando me deixava menos angustiada, me dava um pouco de conforto.

Quando estava na metade do seu café, a tia Eva desceu para a sala e o Laertin subiu do quarto de hóspedes. E todos tomamos nossos cafés juntos. Todos os hóspedes da casa e todas as pessoas que vieram te visitar naquela semana tinham uma única missão: fazer tudo ficar mais leve e ver você sorrir. Naquela manhã não foi diferente. Os dois pareciam atores sincronizados de uma comédia muito bem escrita. E fizeram você conversar e dar risadas. Levantaram da mesa suados, mas satisfeitos. Sua irmã Eva, cheia de energia, puxando uma força sei lá de onde para te motivar, logo subiu ao quarto para pôr biquíni e entrar na piscina. O Laertin endossou a ideia e fez o mesmo.

— Dedé, vou copiar a sua irmã, mas me recuso a colocar a parte de cima. Eu quero é fazer topless — bradava comicamente o Laertin.

Lembro da sua risada até hoje. Foi uma das mais gostosas que você deu.

O sol começou a ficar forte e você queria tomar um pouco. A Evinha e a Maria tinham acabado de chegar. Te levamos para perto da piscina.

A tia Eva, a Maria e o Laertin já estavam na água.

Foi quando eu vi um milagre acontecer. É, Babbo, nós que não somos muito ligados a essa coisa de milagre, até que no nosso último ano de vida juntos presenciamos alguns. E este foi um dos mais bonitos.

Percebi que você havia começado a respirar fundo. E estava segurando os apoios da cadeira de rodas quase que para medir a sua força. Olhou para mim com seus olhos claros e pediu para que te ajudasse a se levantar. Num relance, consegui ver como seus olhos se abrilhantaram. Foi uma das ajudas mais fáceis que seu cuidador e eu prestamos. Você estava focado. Ficou em pé, se apoiando levemente em mim. Deu mais um respiro forte e, tchibum, mergulhou de cabeça!

O Laertin foi logo atrás de você, que estava tranquilo em seu habitat. E você ficou lá, curtindo a água, se apoiando na beira da piscina e conversando qualquer prosa com sua irmã e seu melhor amigo. Eu estava tão feliz que não contive as lágrimas, era bom demais te ver aproveitando o momento, como você sempre fez em toda a sua vida.

Em apenas um segundo, minhas memórias me fizeram voltar para todas as vezes em que, quando criança, pulei na piscina com você.

Na nossa primeira casa na Cocanha, você tinha feito uma piscina de dois metros de profundidade. Eu tinha sete anos e amava aquela casa cheia de detalhes e aventuresca. Era como se tivesse um mar só meu. Antes dela, tínhamos uma piscina menor, lá na Rua Guarulhos, no centro de Caraguatatuba. Mesmo sem espaço, você deu um jeito para caber algo com bastante água lá também.

Nosso ritual era sempre o mesmo. Você mergulhava primeiro, eu mergulhava em seguida, e íamos até a outra borda por baixo d'água, depois voltávamos e eu subia no seu colo ou nas suas costas. Você saía da água e eu ficava nela até meus dedos enrugarem.

Você sempre foi da água. Sempre amou a água. Quando queríamos limpar as coisas ruins, íamos para a água, quando queríamos celebrar algo bom, íamos para a água, toda a nossa vida foi em volta da água. Seja piscina, cachoeira ou mar.

Com o mar tínhamos uma conexão mais forte ainda. Por sua causa, ainda é muito difícil para mim conceber passar um Ano-Novo longe dele.

Me lembrei de todos esses momentos na sala, lutando para segurar o choro. Mesmo sendo de felicidade, não queria que você visse nada que não fosse risada e alegria. Foi a minha vez de respirar fundo e voltar para te ver dando seu último mergulho.

IN VINO VERITAS

> SER FILHA DE BABBO É SABER QUE
> VINHO É ÁGUA E DEVE SER ABERTO
> PARA COMEMORAR, CHORAR,
> BRINDAR, BRIGAR, AMAR...

Tem gente que sobrevive com Rivotril. Tem gente que sobrevive com meditação. Tem gente que sobrevive com outro remédio. Eu sobrevivo com vinho.

Quando a tia Eva e o Laertin foram embora, quem veio ficar com a gente foram meus primos, a Dushka e o Tiago.

Ninguém sabia que aqueles seriam os últimos quatro dias da sua vida.

O Tiago é seu sobrinho, filho da minha tia Eva, ainda chamado de Putones, de Pinto de Ouro (por ser o único homem entre os netos). É o filho que você nunca teve, o irmão que nunca tive. O Ti é meu irmão. Nós fazemos cocô de porta aberta, tomamos banho conversando um com o outro, somos tão irmãos que nos chamamos como tal.

Uma das funções da Dushka e do Tiago era fazer um pouco de tudo para que eu não enlouquecesse. Eu tinha virado, Babbo, uma pessoa totalmente operacional. Estava preocupada se você estava com a fralda sempre seca, se estávamos mudando você de posição de duas em duas horas para não abrir nenhuma ferida, atenta à sua comida, às suas medicações. E soma-se a essa fábrica produtiva de cotidianidades o fato de não conseguir liberar nenhuma emoção que não fosse parecida com a de uma italiana histérica gritando em todos os momentos.

Muitas pessoas começaram a te visitar e vinha gente de todo o canto do Brasil. A casa parecia uma balada. No começo você estava feliz em ver as pessoas, mas depois ficava carrancudinho e não queria muito ver ninguém. Mesmo assim, em nenhum momento, deixou de receber todos os seus amigos e pessoas que te admiravam.

E, mesmo você não querendo, era bom ver a casa com tanta energia positiva. De gente que vinha te amar. Às vezes, ficavam sentados ao lado da sua cama só olhando para você e segurando na sua mão. A nossa sala é toda envidraçada com vista para o mar. E como estamos em cima de um morro, se vê a vegetação da Mata Atlântica e o mar logo embaixo. É uma vista de tirar o fôlego. Então o cenário em si, em pleno verão, ajudava a trazer alegria e esperança de dias suaves.

Menos para mim. Eu via cor, via amor e, ainda assim, estava virando uma bomba-relógio. A Dushka e o Tiago estavam lá para se despedir de você e para cuidar de mim. Porque os dois sabiam que eu estava prestes a explodir a qualquer momento.

Quando você ainda estava bem, não muito tempo atrás, um dos seus maiores motivos para brigar comigo era quando eu tirava as coisas do lugar e não devolvia. Ou quando não enchia as formas de gelo do *freezer*. Eu, bem preguiçosa, tinha a audácia de tirar todo o gelo e deixar as forminhas vazias no congelador.

— Putaqueopariu, baixinha! Casa de solteiro não pode faltar duas coisas: BEBIDA e GELO, pohan! E nem que tivéssemos mordomo! Usou o gelo, faça gelo!

Você gritava com seu vozeirão de tenor, mexendo as mãos eloquentemente e ficava vermelho de raiva... Então, eu fazia qualquer dancinha para você, que imediatamente começava a rir e dançar comigo. Fazíamos as onomatopeias mais divertidas.

— Ratapam, Ratapam, clambers, gruber, tarantantan — palavras sem nexo algum e cada vez mais criativas.

Tínhamos até coreografias. E quando eu dançava para você na frente das pessoas, após gritar comigo porque tinha feito alguma bobeira, você se levantava, de onde e com quem estivesse, e dançava junto comigo, me dava um tapão nas costas e dizia:

— Vai, vai, sua baixinha chuchuleta!

"Chuchuleta" era como o seu pai Rajco e sua mãe Marta, meus avós, chamavam algumas pessoas, principalmente motoristas lerdinhos no trânsito. "Anda, anda, chuchuleta". E o chuchuleta virou jargão em nossa família até hoje.

Mas o que você odiava de verdade era quando eu tirava as coisas do lugar. Aí a dancinha às vezes não adiantava. Você fechava a cara e emburrava como se fosse um menino de oito anos que não conseguiu o que queria.

Chegava até a ser fofo! Eu não aguentava e ria. Daí quando ria muito e você não entrava na dança, ficava ainda mais puto e brigávamos. Nossas brigas eram de gritaria extrema até os dois colocarem tudo que tínhamos para fora. Uma tempestade de verão. Daquelas intensas, com gotas largas, fortíssimas e curtas. Passada a tempestade, sempre vinha o sol e o arco-íris. Era impressionante. Não lembro nem de uma única vez em que brigamos e continuamos brigados. Nunca passamos uma tempestade que não viesse seguida de uma gostosa tarde de verão.

Nesta sua última semana de vida, tirar as coisas do lugar, para mim, era pior que a sua morte. Era quando a minha Bomba H explodia. E, como a casa vivia cheia de gente, era comum que as coisas saíssem dos lugares. Em nosso cotidiano, éramos sempre muito bagunçados. Mas sempre uma bagunça viva e, para nós, organizada.

Você tinha criado lugar para as colheres de pau, o kit para fazer café, as tampas das panelas, os araminhos para fechar os sacos de comida.

Os araminhos valem uma nota à parte. Nós os chamávamos carinhosamente de uaramins. Depois de assistir ao *sketch* "Deus" do Porta dos Fundos — um dos nossos programas preferidos —, batizamos os araminhos (aqueles que vêm em saco de pão para fechar) de uaramins. Sabíamos que Uaramin era "*What I Mean?*", mas uma das coisas que gostávamos de fazer juntos era gastar nosso tempo para criar em cima das expressões — era uma de nossas principais diversões. E foi assim que os uaramins nasceram. Nos apegamos tanto à nova expressão que até a nossa internet se chama Uaramin.

Tudo tinha, dentro de nosso pequeno caos, o seu posto e a razão para estar ali. Você — sempre muito racional — calculava o melhor local para ter certos objetos e dimensionava seu uso. No final, a casa era baseada em pura matemática e a equação sempre funcionava perfeitamente, com suas tramelas e gambiarras.

E, dentro desse teorema residencial, a tesoura da cozinha tinha seu lugar especial junto às colheres de pau, que ficava em frente ao local onde preparávamos as refeições, uma base de mármore entre o fogão à esquerda e a pia à direita. Certo dia, numa manhã qualquer, você não estava muito bem e já tinha acordado mais cansado que o normal. Fui cortar uma medicação sua e não achei a tal da tesoura.

Fiz um show de gritaria para ninguém botar defeito.

— Onde está a tesoura, caraleo? A tesoura *não pode nunca sair daqui*! Ela mora aqui, ela vive aqui! Usou a merda da tesoura, pohan, *tem que colocar ela de volta no lugar dela*! É pedir muito que entendam que não podem tirar as coisas dos lugares?

Terminei a minha performance e todos me olhavam com os olhos arregalados com se fossem desenhos animados japoneses, os animes, de tão grandes que estavam. E, em seguida ao meu show particular, veio aquele silêncio perturbador.

Você tirou assustado a máscara de oxigênio e disse:

— Ela está brigando comigo? O que eu fiz? Por que ela está nervosa assim?

Alguém tentou responder, com medo:

— A tesoura não está no lugar dela.

Você, já sem força, me olhou e mexeu os bracinhos como se fosse uma minidancinha. Eu vi, sorri para você com todas as minhas forças, ensaiei uma risada, dei um beijo e um abraço bem forte em você e saí de casa para chorar.

O Tiago e a Dushka foram atrás de mim, já com uma taça de vinho na mão. E eu bebi em dois goles.

E foi assim que todos descobriram que a minha Bomba H era acalmada com vinho. Não me lembro desses nossos últimos dias sem eu ter uma taça na mão. A Du e o Ti saiam para comprar garrafas e garrafas diariamente. E não era só eu, não. Todos aderiram ao vinho, até quem vinha te visitar. A casa, sempre muito festeira, e você sempre querendo ser alegre parece que incitava a que todos bebessem. E ficassem felizes. E assim foi.

. . . .

Nunca me esqueço de um dia em que o Tiago apresentou a nova namorada. É uma tradição de nossa família apresentar os respectivos aos outros membros Sobans. Não basta mostrar para os parentes próximos, precisamos fazer com que todos conheçam o escolhido.

Já fiz isso algumas dezenas de vezes. O melhor, Babbo, é que todos dos Sobans recebem meus escolhidos como se fossem os primeiros. E assim foi com a Téfi (pensando em chamar de Tatá), namorada do Tiago, aka Putones, aka Soban — como seus amigos o chamam desde criança.

O encontro seria no sítio da Martim de Sá. Já estavam lá Tiago, Téfi, Dushka, Carlo, Mayu e a pequena-grande Nikki. Você, Babbo, como sempre ansioso, queria ir às três da tarde. Chegamos às 18h30 com a Dushka já dizendo que estávamos atrasados — tradição familiar em "reclamar" que sempre atrasávamos. Esse foi seu papel quando jovem, mas depois de completar todo o processo de Sobanização, nunca mais se atrasou. Eu, ao contrário, continuava representando a genética torta, me certificando de sempre não alcançar a expectativa do horário marcado.

Nós tínhamos levado duas garrafas de vinho. Eles tinham trazido nove para o final de semana e reservado duas para a noite. Afinal, era uma sexta-feira, o fim de semana estava apenas começando e não poderíamos queimar a largada tão rapidamente assim.

A ideia era começar com alguns petiscos e depois cozinhar algo sem pressa. Sentamos na varanda e abrimos a primeira garrafa. Temos sempre um comportamento de iniciarmos nossos encontros mais tímidos, com nossos espaços bem definidos e, com o passar das taças de vinho, tudo vai desmoronando, ficando somente a nossa essência e, então, a magia acontece. É tanto amor que dá para cortá-lo no ar. É nesses momentos que o senso de pertencimento se exalta porque se cria uma aura de risadas, afeto e uma energia tão particular que eu poderia compará-la à paixão, sem a parte doentia.

Estávamos já na segunda garrafa. As gargalhadas eram mais largas, assim como os movimentos das mãos. O timbre de voz já estava no nível de uma ópera. Quando percebemos, a Téfi havia começado a preparar a comida. Somos especialistas em receber as pessoas. Nunca deixávamos ninguém fazer nada, ainda mais no primeiro encontro.

Só que a magia tinha se feito tão rapidamente aquela noite que só se sentia êxtase e plenitude. Sem percebermos, Téfi, com um olhar de que estava aprovando todo o cenário estabelecido, começou a nos servir um superbanquete.

Naquela noite, naquele dia em específico, não ligamos de alguém nos servir. Muito menos a namorada do meu primo, do seu sobrinho-filho. E o que deu para entender é que a Téfi estava se sentindo tão confortável e pertencente ao nosso grupo que era também um prazer ser a responsável pelos comes.

Das quatro garrafas combinadas, estávamos na sétima. Foi quando a Mayu deu a incrível ideia de abrir o *prosecco*. E não me lembro quem sugeriu para que déssemos um tchibum na piscina. Só me lembro de todos terem aceitado na hora.

Eu estava de biquíni, também não me lembro por quê. Todos na casa colocaram seus devidos trajes de banho. E, você, Babbo meu, não estava preparado para tal e tinha decidido ficar vendo a gente nadar.

Automaticamente, a Preta e eu elevamos o timbre de voz ao nível máximo. Éramos tão felizes, e quando ficamos tão felizes não fazemos outra coisa senão falar absurdamente alto, na tentativa de espalhar aos quatro cantos do mundo o quão sortudos éramos por ter uma noite tão fantástica como aquela.

Téfi se encaixou tanto em nosso jeito que nem fingimos ter mais educação ou traquejo social, éramos 100% essência. Aliás, estávamos tanto sem cabresto que o Carlo veio pedir a Dushka para maneirarmos. E foi quando te vimos sem roupa, só com uma cueca de algodão maltrapilha, se preparando para pular. E a única coisa que dissemos foi:

— Pula! — gritamos em uníssono.

O Carlo resmungou algo em holandês como "deixa quieto, já estamos perdidos" e entrou na dança sem se preocupar mais com a nossa nova integrante. Bebemos todas as garrafas de vinho da casa. Rimos tanto que me lembro de ter tido várias vontades de fazer xixi nas calças. E, inconsequentes que éramos, fomos embora bêbados para casa. Eu dirigindo a vinte quilômetros por hora. Hoje, com consciência, tecnologia e disponibilidade de ferramentas alcançadas, pediria um uber, táxi ou dormiria lá sem dirigir. A questão é que nascidos nos anos 1980 e filhos do pós-guerra como você precisamos criar consciência de quão errados fomos criados e só então consertar nossos atos e paradigmas.

Quando acordei no dia seguinte, liguei no desespero para a Dushka:

— Fodeu, assustamos a namorada do Ti para sempre.

— Liv, também não sei como, mas ela amou a gente.

— Aff, é louca.

Você, Babbo, ouvindo nossa ligação, acrescentou:

— É humana. Falem para todos chegarem aqui no máximo às 11h30 porque farei frutos do mar na chapa.

E assim foi o final de semana. Repleto de humanidade, amor, felicidade, vinho e boa comida. Foi um exemplo perfeito do que você conseguia fazer. Organizava as melhores e mais fantásticas festas. Puras, repletas de essência, verdadeiras.

. . . .

Nesses seus últimos dias, mais do que nunca, o vinho marcou presença. Quando menos se esperava, já tinha, logo às 10h30 da manhã, uma taça de vinho para mim. Se ela ficava quente, era trocada.

Todos, principalmente a Dushka e o Tiago, entendiam essa nossa equação do caos ordenado da casa e viam como eu me esforçava para que ela não saísse do lugar. Eu achava que, deixando tudo como sempre foi, talvez eu conseguisse mudar a realidade imutável. Era uma ilusão, mas era o que eu tinha para me apegar.

"Se precisa comemorar, vinho. Se precisa chorar, vinho. Se precisa agradecer, vinho. Se precisa brigar, vinho. Se acompanhado, vinho. Se sozinho, vinho. E, jamais, jamais, deixe de abrir a garrafa depois se você pode aproveitá-la hoje mesmo."

O PORCO ROSA

Era de manhã e a Dushka e o Tiago não tinham descido ainda. De repente, Tiago desceu as escadas, chegou perto da gente, na cama, e nos deu um grande abraço. Depois, se levantou, colocou as mãos na cintura e disse:

— Eu vou ter que perguntar... Que caraleo é este porco rosa? Você tirou o oxigênio do rosto para rir gostoso. E contou:

— A Liv e eu sempre nos zoamos com a cafonice alheia. A coisa mais cafona é quando gente cafona tenta ser elegante. E daí copia as revistas, faz aquelas casas de *showroom*, sem nenhuma personalidade. E quando achamos algo cafona raiz, o que chamamos de *caphonna*, com ph e dois enes, nos presenteamos. Ela já me deu aquele touro ridículo sem um chifre com sangria dentro quando foi para Barcelona, e a tia Eva, sua mãe, nos trouxe um avental da estátua do David peladão e alguém deu para a Liv um de enfermeira sexy. Temos várias coisas cafonas raiz em casa. Mas a melhor delas é o porco rosa.

Você parou um pouco, respirou fundo e continuou:

— Tinha um cara vendendo um monte desses porcos na estrada. Quando eu vi, pensei, este será *The Cafonest*. Parei o carro e fui falar com o cara. Tinha várias cores, estava meio em dúvida até ver o porco rosa. Perguntei para o cara, meio tirando um sarro, porque ele queria me vender de qualquer jeito: "é resistente?" Ele queria tanto provar que era resistente que sentou em um dos porquinhos de gesso... Que obviamente acabou quebrando, e foi porco despedaçado e vendedor pelo chão.

E todos caímos na risada. Daquelas gargalhadas inesquecíveis.

— Depois disso, não tinha como não comprar o porquinho rosa. Levei ele para casa, a Liv estava ainda trabalhando. Chegou em casa gritando "Babbo, cadê o vinho? Cadê comida? Cadê xadrez? Mas antes vou trocar esta roupa para sentar com você"...

Então, entrei na conversa e continuei o relato:

— Cheguei toda correndo, subi as escadas — e você sabe que das escadas já dá para ver o meu quarto inteiro — e de lá mesmo encontrei ele, o porco rosa com um manto azul por cima. Santificado Porco Rosa. Parei no meio das escadas e comecei a rir copiosamente. Peguei o Porco Rosa e seu manto e trouxe para baixo.

— Jantamos com o Porco Santificado e decidimos deixá-lo na sala para exibir nosso maior troféu — concluiu você.

— Caraca, não tem relação melhor que a de vocês — exclamou o Tiago.

— Claro que tem, Ti, a de nós todos juntos — você completou.

Foi então que o Tiago deitou mais uma vez em cima da gente e nos abraçou como um urso. E depois foi pegar café para ele e para mim. Você já tinha tentado beber, sem muito sucesso.

Ele voltou com as duas xícaras e sorrisão no rosto.

— As tuas casas são as mais divertidas, Putão — Tiago disse, referindo-se a você. — As gavetas são feitas de um modo específico, as tramelas para abrir a porta, o guardador de colheres, tudo que você faz sempre tem essas engenhocas mirabolantes e criativas que deixa a casa alegre e com vida. De todas as casas tuas que já fui, não havia uma sem essa personalidade, sem essa alma...

— A pia do banheiro — completou Dushka, que tinha acabado de acordar e apareceu com uma xícara de café na mão. — A pia do lavabo de casa é uma garrafa de vinho. Mais perfeita para nós, impossível.

Dushka deu um gole no café e continuou:

— Eu nunca esqueço das tramelas que seu Babbo criava para que os cachorros da Rua Guarulhos não entrassem em casa. Tinha uma vira-lata meio poodle super inteligente que abria todas.

— O Pelinho — você recordou com uma risada no canto do rosto.

A minha irmã Evinha e a Maria chegaram, foram dar um beijo em todos e te abraçaram.

— Sem falar das oficinas, né? — Evinha entrou na conversa, também buscando uma xícara de café.

Como o café havia acabado e temos um costume de beber muito, ela já colocou mais água para ferver porque sentia que aquela prosa ia longe.

— As oficinas faziam sempre parte do tema das minhas férias nas redações escolares — recordou Tiago. — Com o catamarã, o windsurfe e as aventuras na Cocanha. Eu lembro da oficina ser bagunçada por ter muita coisa, mas, ao mesmo tempo, organizada, porque as ferramentas tinham seus devidos lugares nas paredes, que você, Putão, desenhava. Tinha a área em que ficavam todas as madeiras, os canos, os outros materiais. As porcas, parafusos e pregos ficavam em maletas de pesca.

— E saíam as coisas mais divertidas e fantásticas de lá — minha prima Dushka disse.

— Lembro de uma vez em que estava naquela fase de pipa grande e você havia comprado uma, mas não era tão divertida — lembrou Evinha. — Então, você foi na oficina e voltou com uma pipa ligada a um controle manual. E, com ele, conseguíamos fazer as maiores piruetas, era a pipa mais divertida da cidade.

Daqui desta casa, além da pia, a única gaveta da cozinha — uma forma triangular larga que ficava abaixo de uma mesa de suporte, com uma separação interna bem geométrica —, a mesa da sala de jantar, a mesa de centro em frente ao sofá, o jogo de gamão, a escada que vai para os quartos e o pilar principal da casa foram todos obras suas. Sem contar as dezenas de tramelas de abrir e fechar coisas e de pequenos detalhes que traziam a sua assinatura.

. . . .

Nesse ano de doença, mais ou menos um mês antes, você desenhou uma figura abstrata no papel que replicamos no muro que separa a nossa casa da outra vizinha, e que também é onde fica a piscina. A piscina desta casa não é grande e você a construiu como uma continuação da sala. Por ser inteira envidraçada, ao abrir as portas de vidro, a piscina vira parte da sala. E a piscina tem um fundo infinito em que se vê a praia lá embaixo.

Parecido com uma onda, o desenho começava neste muro, entrava no escritório, que fica atrás da piscina, e saía para a horta, atrás do escritório, indo até o muro de trás que separa o nosso terreno dos que estão do outro lado. No final, a onda inicial ficou parecendo uma mulher deitada de barriga para baixo, onde você vê as linhas das pernas, do bumbum, das costas e do pescoço e depois se transforma em onda de novo. O que muito definiu a sua personalidade, que uniu a sua paixão pela estética feminina e suas curvas e a água.

No dia em que fomos desenhar isso na parede, fui incumbida de fazer o risco para depois o pessoal da sua equipe, que construía as obras com você, pintasse. Fizemos um platô na piscina, uma vez que parte do muro dava direto nela e não teria outro jeito de executar a sua criação naquela parte. O platô ficou bem mambembe.

Colocamos você — que estava ainda com boa mobilidade na época — com o desenho que havia feito na mão e lá fui eu me equilibrar naquela estrutura para começar tal empreitada.

— Faça uma curva arredondada para à direita com trinta e cinco centímetros de diâmetro — você iniciou a direção.

Eu, sem noção alguma de proporção (não segui a sua profissão de arquiteto, fui fazer jornalismo e trabalhar com *branding*), não conseguia, obviamente, seguir tal e qual o seu ditado.

— Pelo amor do universo, Figliola, que arredondamento é esse? Eu falei esquerda? Eu falei direita? Isto é trinta e cinco centímetros onde, em Saturno? Mas deixa assim, vai. Suba essa curva fazendo um semiarco diagonal até completar aproximadamente um metro e meio de distância.

Comecei a rir porque você estava indignado com a minha não destreza.

E por causa da risada, errava ainda mais.

— Explica: como você é considerada boa profissional? É tão simples o que eu pedi, eu não acredito que você não entende o que eu estou falando! — Fazíamos esse constante *bullying* e demorava anos para as pessoas à nossa volta entenderem que estávamos brincando. A sua equipe já sabia, então, todos estavam com aquela risada no canto da boca, só observando a cena.

— Então desenha no ar o que você quer, pohan! — bradei.

Olhei para você, que começou a desenhar no ar o que eu precisava fazer. Segui à risca. No final, a parte que ia na piscina era aparentemente a mais difícil, depois eram somente ondulações na parede. O que eu consegui executar sem nenhuma reclamação. Enquanto fazia este traço do escritório e da horta, você continuava sentado na frente da piscina. Acabei e ouvi:

— Aqui ainda está estranho, volta aqui.

E lá fui eu para o platô mambembe da piscina.

— Esta ondulação acentuada para direta ainda não está curvilínea o suficiente, tenta arredondar mais isto aqui — e completava a explicação fazendo o movimento com as mãos que me sinalizava onde você queria a mudança. Eu via tudo muito redondo, mas apaguei o riscado e me concentrei para fazer o semicírculo mais perfeito da minha vida. Até suei a testa me concentrando naquele desafio impossível. Respirei fundo e fiz o traçado segurando o ar.

— *Voilà!* — elogiou. — Nem precisava mudar nada aí, já estava ótimo. Mas eu não ia perder a tua cara de nervosinha tentando fazer algo que te disseram que você não conseguiria fazer. — E logo fez com as mãos a nossa dancinha.

Minha família sempre soube dessa minha personalidade turrona. Sempre diziam que ninguém podia dizer que eu não era capaz de fazer algo porque logo baixava um espírito em mim e, enquanto eu não provasse que conseguia fazer, não sossegava. E todo mundo gostava de usar isso para terem as coisas feitas. E eu caía todas as vezes, inclusive nessa última que você fez para mim. E, quando eu percebia o truque, algumas vezes ficava bem nervosa, principalmente no começo, mas depois, já com um pouco do que dizem ser maturidade, eu caía na risada.

E dessa vez não foi diferente, dei uma gargalhada tão forte, daquelas de curvar o corpo, que o superplatô que diziam que estava firme se desfez parcialmente e fui direto para a piscina. Lembro da sua risada até hoje. Foi tão perfeita e forte que até saiu lágrimas dos seus olhos. A equipe ria também, óbvio, não tinha como segurar o riso frente àquela cena.

Saí da piscina e fui sentar no seu colo. Você odiava quando eu ia te abraçar molhada, só que desta vez me estendeu os braços e disse:

— Como você é estabanada. Que delícia! Te odeio, baixinha.
— Também te odeio, Babbo.

. . . .

— E este desenho aqui, quando foi feito? — a Maricota perguntou a você.

— Eu fiz há pouco tempo. A Liv fica querendo me estimular e pediu para que eu desenhasse algo de aniversário para um dos meus grandes amigos, o Laertin.

O Laertin sempre tirava sarro da sua bermuda branca, então o desenho eram dois homens, um com chapéu e um com, claro, a tal da bermuda branca. O título era "Equação de Aniversário". Embaixo dos homens estava escrito: Arquiteto de Chapeuzin mais Arquiteto de Bermudin (depois da operação) igual a 142 — vocês dois tinham 71 anos.

A Maria, então, mostrou o desenho para o Tiago, a Dushka e a Evinha. O Tiago começou a olhar o desenho e dar risada sozinho...

— Putão, lembra daquela vez em que a Liv subiu as escadas de quatro? — Recordava seu sobrinho.

Você começou a rir sozinho também.

— Dá para vocês colocarem a gente na conversa? — Reclamou a minha irmã. — Divide com a gente o momento.

Então Tiago começou a contar:

— A Liv e eu, quando éramos mais jovens, não tínhamos limite. Aliás, essa era uma característica nossa quando jovens, entender os nossos limites, porque definitivamente não temos. Um dia desses, aqui nesta casa, a gente decidiu que ia beber. Jantamos com o Babbo, enchemos o *cooler* de vinho e descemos a pé aqui para praia da Mococa. Era para vir uns amigos dela, mas acabou que vieram só dois. Então tinha mais vinho que pessoa. Estávamos nesta praia que ainda era muito selvagem. Nunca esqueço daquele dia. Foi mágico. A gente chegou e viu o mar estrelado. Estava lotado de plânctons. Era alguma época entre verão e inverno, não me lembro se primavera ou outono, mas a noite estava agradável e o mar tinha aquela temperatura gostosa... Quando chegamos, não pensamos duas vezes, corremos e entramos no mar. Eu lembro do cabelão da Liv até hoje todo estrelado porque os plânctons ficaram grudados. Pena que não carregamos sempre celulares com câmeras, aliás, ainda bem.

Tiago bebeu um gole de café e continuou:

— Bom, os amigos da Liv chegaram, os filhos da Tânia, sabe? E todos fomos para o mar. A Liv, por ter sido criada com você, sempre foi a nossa mascote. E era, muitas vezes, a mais corajosa e melhor que muito moleque do grupo. Só que ela e eu estávamos bebendo vinho como se fosse água. Ah! O fígado dos jovens é algo de que eu realmente sinto falta. Hahaha. E entra no mar, fica com os plânctons, olha as estrelas, deita na canga. Quando eu percebi, eram tipo quatro da manhã e estávamos já falando em línguas...

— Oi? Línguas? — interrompeu Maricota.

— A Liv, sempre quando passa da conta do vinho, e o Tiago às vezes, começam a falar outro idioma. Ela é uma das bebadinhas mais fofas que eu conheci, começa a entortar a língua e quer apenas dormir — explicou Dushka.

— Bom, voltando — recomeçou o Ti. — Os meninos já tinham ido embora há tempos e nós estávamos lá ainda bebendo vinho. Sentados na canga, eu disse que seria melhor levantarmos... Fomos tentar e não conseguimos! Caímos na risada rolando na areia. Então a gente se deu braço com braço para tentarmos levantar juntos. Depois de cinco quedas de cara na areia, conseguimos com muito esforço. Uma hora ela começava a rir, outra eu, perdíamos a força que tínhamos e caíamos de maduro! Já imaginou duas pessoas tentando levantar e ambas falando em línguas? Cara, só a gente. Foi então que percebemos que estávamos a pé e que a nossa carona tinha ido embora. Para chegar na Mococa, tínhamos que andar um pequeno pedaço da estrada. E estava tudo breu e não tínhamos levado lanterna nem nada. Bom, respiramos fundo, deixamos as garrafas lá num canto — fiquem tranquilos que no dia seguinte fomos buscar todas —, deixamos até o *cooler*, porque não havia condição. Nos escoramos um no outro e fomos andando escorados e rezando para nenhum carro atropelar a gente. Acho que foram os dois quilômetros mais longos da minha vida!

— Para sair da Mococa, tinha uma estradinha, estava tão escuro que pegamos um caminho errado e, quando percebemos, íamos dar de cara com um muro! A gente parou, olhou para aquela cena em que os dois quase se espatifaram no chão por causa da colisão evitada com esse muro, respiramos fundo, viramos para a outra direção do caminho (e detalhe que esse virar demorou algo em torno de quinze minutos) — e seguimos a trajetória. Na estrada, dois caminhões buzinaram muito para a gente e um passageiro de um carro que passava naquele horário tirou a cabeça para fora e gritou: "Saiam da estrada, seus bêbados". Lembro da Liv tentando falar: "fon se esmuer sus igiolas". Mas ela só sussurrou e jurava que tinha gritado um xingamento bem pesado. Passamos a estrada vivos. Agora era a hora de subir a rampa para chegar em casa. Subir o morro. A Liv não pensou duas vezes, subiu de quatro. Colocou as duas mãos na frente no chão e subiu. Eu, mais orgulhoso, comecei a subir de pé. Chegou um momento em que eu olhei para trás, vi o quanto era íngreme o caminho, me bateu uma tontura e eu pensei "vou cair, descer rolando e terei que subir tudo de novo". Então, adotei a estratégia da Liv. Depois de passada essa parte mais difícil, nos levantamos e honramos a nossa evolução bípede e nos mantivemos assim até chegar em casa. Ao chegarmos, a Liv subiu o primeiro lance de pé se escorando nas paredes porque a primeira escada daqui é quase toda ao lado de uma parede que faz um arco acompanhando-a, então, fica perfeito para subir se apoiando. Mas, ao ver o segundo lance de escadas, que, na época nem corrimão tinha, não pensou duas vezes e de novo adotou a estratégia do morro, subindo de quatro. Os quartos dos dois não tinham paredes e a cama do Dedé dava bem de frente para a escada e ele dormia de lado olhando as escadas. Notou o barulho, abriu os olhos e disse: "Liv, pega um copo d'água pra mim?". A Liv já tinha subido meio lance. Estava exausta, olhou para baixo e imagino que deve ter pensado que não conseguiria mais esse esforço. Então gritou: "Fiajo, peja um xopo ji água bru meu pais!". E eu, que estava tentando absorver algum nutriente na geladeira, me assustei e bati com a cabeça na porta do freezer. Depois de muito tempo tentando pegar a garrafa e acertar o copo, levei cambaleando para a Liv, que subiu com maestria o restante da escada em três apoios...

— Eu não tinha forças para nada — continuei —, mas estava concentrada jurando que poderia passar despercebida pelo Babbo. Ele se levantou, pegou a água, tomou e disse: "Amanhã terei uma conversa séria com vocês dois". Ai. Mas eu estava tão alterada e, acho, mais até cansada que bêbada, que capotei.

— No dia seguinte, levamos o maior sermão da nossa vida — o Tiago completou.

Todos gargalharam.

— Aquele dia vocês realmente me deixaram preocupado — você disse.

— Quando eu vi a Liv naquele estado, pensei que vocês tinham passado de todos os limites. Hoje eu lembro da cena e dou risada. Porque esses dois já são engraçados separados, juntos, ficam muito divertidos, com a Preta então, é risada vinte e quatro horas. No dia seguinte, lembro de dar bronca nos dois, que faziam aquela carinha de coitados. E eu me segurando para não rir. Eu lembro de dizer o eterno discurso de termos bom senso e valorizarmos a nossa vida, mas não me recordo exatamente das palavras. E vocês já estavam tão arrependidos que nem precisava fazer muito esforço para recriar o bom senso nestas cabecinhas.

– A sua voz fraca não o impediu de participar dessa conversa.

— Aquele sermão me salvou de várias outras oportunidades de cometer burrice. Eu não lembro de nada do que você falou, mas tocou tão forte em mim que ficou marcado positivamente, me ensinou a pensar e a cuidar mais de mim — confessou o Tiago.

— A mim também — completei.

> Viver a vida intensamente, sim! E isso não tem nada a ver com arriscar a vida intensamente. O problema é que as pessoas confundem. Tudo em excesso faz mal. Tudo, sem exceção. Viver intensamente é não precisar de excesso. Se arriscar, sim. Escolha um caminho de vida, Figliola, não de riscos.

BOSTÃO E BOSTIN

— Figliola, e se tentasse comer algo gostoso?
— Boa, Babbo! O quê?
— Não sei. O que a Preta sugere?

A Dushka já tinha assumido o seu posto como *chef* oficial. Ela estava sofrendo porque você não tinha vontade comer nada e nada te agradava.

— Um creme, quem sabe? Com alguma carne? — eu disse.

— Dedé, o que acha de um creme de cará com pedaço de carne? — a Preta sugeriu.

— *Blergh*. Mas pode ser, vai. Vamos tentar — você disse tentando se esforçar a ter apetite.

Acho que foi o creme de cará com carne que a Dushka mais se esforçou para fazer. Durante o preparo, ela nem dirigia a palavra a ninguém. E se falasse com ela, dizia automaticamente:

— Não posso fazer agora, estou concentrada. Vá encher o saco de outra pessoa!

O caldo finalmente ficou pronto. Você ainda sentava à mesa. E conseguimos te levar até lá. Mesmo magrinho, você era pesado. Somos pesados. Temos ossos grandes, fortes. Não era tão fácil, mas em duas pessoas dava para colocar você tranquilamente na cadeira de rodas. Já na mesa, improvisei um babador com um guardanapo de pano. Preparamos a mesa como se fôssemos fazer um banquete para o nosso rei.

Ao servir o caldo, sentamos ao seu lado para admirar você comendo. Era um momento que se tornava raro em nosso cotidiano e queríamos acompanhar de perto.

Você deu uma colherada, fez uma cara de desgosto. Deu a segunda, com uma cara de insatisfação e, finalmente, a terceira sendo concluída com um alto e sonoro *blergh*, a sua onomatopeia corriqueira para classificar a pouca comida ingerida.

O Siddharta, meu bernese de quarenta quilos, estava lá ao seu lado também. Ele, nesse processo, era o único que se satisfazia, porque ficava com todas as suas sobras.

Você pediu para voltar para cama. Desiludidos, o fizemos enquanto o Siddharta comia o seu pretenso almoço. O Siddharta chegou um ano depois que eu perdi o Che, o meu grande parceiro.

. . . .

Os bichos sempre foram temas de nossas vidas. Sempre fomos cercados de muitos cachorros. Windy, Pelinho, Pepino, Rambo, She-ha, Pitina, Lupo, Ailah, Drago, Garota, Filó, e também de alguns gatos, como a Mitsi e a Elvira, mas você não dava muita bola pra eles. Os cachorros eram muito queridos, mas ficavam fora de casa. O Piruá foi o primeiro com quem tivemos uma relação mais especial.

Piruá era um vira-lata, branco e preto, e o povo o chamava de "Corinthiano". Ele veio de uma família conhecida que não o queria mais e já com esse nome — que é o milho da pipoca que não estoura. Nós morávamos no sítio da tia Mima, lá na Martim de Sá. Era um lugar enorme, tinha um terreno surreal, bem no meio da Mata Atlântica. Já vi tudo que era bicho lá. Quando o Piruá chegou, devia ter apanhado tanto que não saía da nossa varanda. Via vassoura, começava a gritar.

Como nós sempre aspiramos liberdade e amor, aos poucos, o Piruá foi saindo da varanda, descendo as escadas e conquistando aos poucos o terreno. Foi a coisa mais linda ver a transformação desse cachorro. De repente, ficou livre. E se achou tanto em sua liberdade que saiu do terreno e conquistou a rua. Mudamos de casa com ele quatro vezes. Depois da sua separação com mamãe, mudamos muito de casas.

Na vez que fomos morar com a Tânia, ela queria prender os cachorros, o Piruá simplesmente definhou. Foi então que percebemos que nenhum de nossos cachorros poderiam ficar presos. O Piruá era tão livre que ia me levar na escola e, quando eu saía, ele estava lá me esperando. Sabia a hora que você ia ao banco e ia te buscar também. Ele era bem amado por todos na cidade. "Olha o Corinthiano aí". E, quando saíamos com ele, se portava como se fosse o rei da rua.

O Piruá tinha um milhão de apelidos. "Caneteiro Robinson" era, de todos, o seu preferido. Ele nunca nunca nunca fez xixi ou cocô dentro de casa. Nunca. E era autolimpante. De repente, aparecia limpo. Do nada. Depois descobrimos que ele tinha alguns rituais dele. Quando começava o pôr-do-sol e queríamos achar o Piruá, era só ir na muretinha da Avenida da Praia da Cidade que ele estaria lá assistindo a esse espetáculo. Vai entender. O sol se punha e ele voltava para casa. Outro eram seus banhos de mar. Depois de uma vez que foi comigo à praia e me viu entrando no mar, se desesperou e veio atrás de mim. Não sei o que aconteceu, mas outra paixão surgiu em sua vida. E, desde então, de tempos em tempos, achávamos ele no mar tomando seu banho.

. . . .

Quando eu tinha quinze anos, decidi ir para São Paulo. Caraguá não cabia mais em mim. Sempre penso que deveria ter feito um intercâmbio fora do Brasil, mas éramos tão sem noção, ao olhar da sociedade, completamente disfuncionais, que, dentro de nossas limitações, intercâmbio fora do Brasil era algo impossível. E, como sempre, a tia Mima me recebeu.

Um dia, você me ligou em São Paulo e disse, secão:

— O Piruá morreu.

— Como assim?

— Acho que foi envenenado. Quando cheguei, já não deu mais tempo de salvá-lo.

Caraleo, como você sempre foi péssimo em contar notícias ruins! Empatia zero. Fiquei brava com você por uma ou duas semanas, mas, como todas as outras bravezas, passou sem nem lembrar o porquê de ter ficado chateada.

O Piruá tinha uma namorada fixa, a Garota Presley, e uma filha, a Filomena. E as duas ficaram com você por bastante tempo. Já eu só fui me abrir para outro cachorro depois de alguns anos. Foi quando eu peguei a Elvira, uma gata preta filha de uma das gatas da tia U (gateira inveterada). A Elvira era como um cachorro. Atendia pelo nome. Faltava só latir. Quando fui para Itália, deixei ela com a minha sobrinha Maria. Foi paixão à primeira vista. Queria levá-la ao País da Bota, mas gata e sobrinha viraram inseparáveis.

Voltei da Itália, vivi um tempo sem nenhum bicho até chegar o Che. Esse golden retriever foi a extensão da minha alma. Fazíamos tudo juntos. Andava sem coleira e você nunca acreditava quando eu entrava em algum lugar que ele não podia entrar, era só dizer *senta e fica*. E ele ficava sentado esperando até a minha volta. A primeira vez que você entrou comigo no supermercado e deixamos o Che do lado de fora, você ficava me perguntando de cinco em cinco segundos: *ele não vai sair de lá? Ele não estará lá quando voltarmos?* E eu, todas as vezes, respondia: Babbo, fica tranquilo, ele estará lá. No caixa, você me disse, *Não aguento, vou lá vê-lo*, eu ri e consenti, *Vai lá sim*. Deu menos de um minuto, você voltou sorrindo:

— Ele está sentado, com um bilhão de pessoas à volta dele, maravilhadas com o feito. Ele não dá atenção para ninguém. Impressionante!

Quando chegávamos, o Che sorria, se levantava e ia nos acompanhando de volta até o carro. As pessoas ficavam se perguntando como era possível ter um cachorro tão perfeito. Eu sempre respondia "sou a menina mais sortuda do mundo".

Antes do Che completar sete anos, uma semana, assim como você, ele se foi. Uma torção estomacal — devido à sua gulodice — o fez partir. Fiquei uma semana deitada na cama, sem me levantar. Foi a dor mais pesada que já vivi, depois da sua. Mas não sabia, na época, que poderia existir algo pior. E, assim como com você, recebi cartas, e-mails, ligações de pessoas que o amavam porque ele era o Che. Eu não sei se ele estava me preparando para o que eu viveria com você, eu não sei se ele queria me ensinar a perda para não cair no fundo do poço quando você partisse daqui, eu só sei que ele me ensinou o poder do amor. Ele me ensinou tanto que até hoje lágrimas caem dos meus olhos ao recordá-lo. Até você chorou.

Fiquei de luto por um ano. E chorava de tanto em tanto a perda dele. E o Siddharta veio pra suprir o vazio do Che.

— Está na hora de você ter um novo filho, Figliola.

E veio o Siddharta. Que criei tudo errado. O Che era campeão de natação, saiu no jornal e foi capa de portal de internet, surfando. Minha amiga jornalista Andrea tem uma coluna muito bacana chamada Patas ao Alto, sobre animais, proteção e ativismo. Quem escreve é um *alter ego* que ela criou brilhantemente usando a sua cachorra Maga, uma dálmata muito simpática e inteligente. E a Maga sempre colocava o Che em tudo que era notícia. *Well*, porque ele era digno de. Já o Siddharta odeia água. E se você o chamar mil vezes, ele não virá nenhuma vez. Ou seja, difícil o Siddharta ser notícia, a não ser com a chamada de algo como "Conheça o cachorro mais teimoso do mundo". Um cachorro que é um doce só, mas ô bicho birrento. Não sei se ele puxou a mim ou a você, Babbo.

O Siddharta, seu Puchu, precisava de uma companhia. Daí a Evinha deu a ideia de adotar um gato. Chegou o Panda. A Lígia, mulher do Ghazi, que achou o gato para nós. O Panda passou dias dentro de um saco plástico jogado na beira do rio para morrer. Acharam ele e seus irmãozinhos. O gato era tão pequeno e desnutrido que o ânus dele estava para fora quando o pegamos. A Evinha achou que não iria vingar. Mas vingou. Nunca esqueço das primeiras semanas que ele chegou.

Você dizia dois meses antes:

— Não quero gato de jeito nenhum.

Um mês antes:

— Gato até vai.

Então, o Panda chegou:

— Ele tem cara de hambúrguer.

Uma semana com o Panda:

— Ele é engraçadinho.

Algum tempo depois, quando uma visita ameaçou levar o Panda embora:

— Nãooo, ele é meu!

— Sim, Babbo, o Panda é seu – eu disse.

. . . .

Nesses últimos dias, nem o Siddharta nem o Panda saíam de perto de você. Você até os apelidou carinhosamente de Bostinha e Bostão.

E, como sempre acontecia com os nomes criados por você, o expert em dar apelidos a todos, Bostinha (que depois virou Bostin) e Bostão pegaram tanto que até o Laertin fez desenhos dos dois.

Fui visitar meu amigo DeDé e ganhei mais dois...

Sidon & Bostin

Crédito: Laerte Rojo.

O Panda nunca tinha sido castrado. E, mesmo com toda a preocupação com a sua saúde, a Evinha chegou me dizendo que havia marcado a castração. Você estava sentando na poltrona com o oxigênio e todos estávamos falando da castração do Panda, a Evinha havia trazido a gaiola e levaria o gato à tarde, para buscar no dia seguinte.

Eu, um poço constante de nervos à flor da pele, ficava gritando para minha irmã:

— Leva ele para castrar logo! Resolve isso! Castra logo e traz amanhã. Até que o Zinho chegou, como chegava todos os dias para ficar com você.

Babbo, caraca, que puta coisa linda é a amizade e o amor. Se eu pudesse, faria uma estátua dos seus amigos. Não foram só grandes, eles foram incondicionalmente perfeitos por estarem ao seu lado nesse desfecho tão doído.

E o Zinho sempre tentava levantar o moral da casa.

— E aí, Dedé? O que você vai fazer de bom hoje?

Você tirou a máscara e disse com a maior naturalidade do mundo:

— Nada demais, hoje eu serei castrado, mas volto amanhã de manhã.

— Como assim, castrado?!

— Mamãe disse que serei castrado, então deve ser bom para mim.

Você já havia começado a me chamar de mãe. Nós ficamos em silêncio por alguns segundos e caímos na risada.

— Babbo, o Panda quem será castrado! Não você!

— Ah, ufa, pensei que fosse eu.

E gargalhamos até doer a barriga. Fui até você e te beijei na testa, olhei nos seus olhos e disse:

— Eu te amo, Babbo.

— E eu a você, Mamãe.

> Aprenda com os bichos a amar incondicionalmente. Eu tento aprender diariamente. Não é um exercício fácil, mas é essencial.

BLU DIPINTO DI BLU

> SER FILHA DE BABBO É APRENDER
> A DIRIGIR O JEEP AOS ONZE ANOS PORQUE
> O PAI TAVA BEBADINHO DEMAIS PRA
> GUIAR E PRECISAVA PEGAR O CARRO QUE
> FICOU SEM GASOLINA NA MARTIM DE SÁ.

Você sempre gostou de azul. Não sei se foram seus olhos os influenciadores dessa predileção, o azul sempre foi a sua escolha principal para tudo. Era impossível dissociar da sua imagem o seu Jeep, claro, azul. Como o Jeep era antigo, uma de suas diversões era reformá-lo e, quando pintava, a cor permanecia. Tons escureciam ou ficavam mais claros. O azul, porém, nunca foi trocado.

Lembro da primeira reforma importante que você fez nele. Trocou os bancos do carro de preto para branco.

— Figliola, não faz o menor sentido banco preto num carro sem capota. A empresa deve ter alguma característica sádica de querer queimar o bumbum de todo mundo. Afinal, o preto absorve as cores e, com isso, retém muito calor, já o branco reflete, e não fica tão quente assim.

Essa era a sua forma de me ensinar ciência sem que eu percebesse. Foi no Jeep que eu aprendi a dirigir também. Você não tinha medo. Eu tinha nove para dez anos e, no momento que eu consegui alcançar o acelerador, pronto, já tive minha primeira lição. Uma das suas principais características era ser um exímio professor. Tinha uma paciência hercúlea. E um dom para explicar que muitos aprenderam com você. A sua vontade de passar conhecimento para frente sempre foi ímpar. Você nunca quis reter o que sabia, muito pelo contrário, sempre acreditou que quanto mais pessoas ampliassem seu saber, melhor o mundo seria.

Nos anos 1980, não tínhamos a mesma noção de segurança que temos hoje. As crianças que sobreviveram a essa época são tipo invencíveis, não morrem mais nem com ataque nuclear. E todo mundo queria andar no Jeep. Porque era maneiro, libertador, a sensação da cidade. Você passava com aquele carrão e não havia um que não olhasse.

O Jeep funcionava com qualquer chave e você sempre tinha um arame e um alicate para fazer todo o reparo que o carro precisasse. Era uma máquina muito idiossincrática, muitas vezes, ela queria só atenção. Parava do nada, você ia lá com a maior paciência do mundo, abria o capô de duzentas toneladas e apertava aqui, amarrava ali e, como um passe de mágica, voltava a funcionar.

Temos muitas histórias com o Jeep, mas uma das minha preferidas foi com um de seus dois projetistas-arquitetos. Dois caras que você ensinou muito e eles aprenderam. Não basta ensinar, né, Babbo? O outro precisa querer aprender. Em cidade pequena, é normal não ter o que fazer além de exercício e ir ao bar à noite. Sempre gostávamos de sair. Você e eu. Neste dia, estava voltando do meu treino de vôlei e você me avisou que estava num local tal. Cheguei lá e estavam também seus dois ex-projetistas que tinham virado arquitetos. Cara, como nos divertimos aquele dia. Não menos que a volta. Estávamos voltando de Jeep para a casa. E os dois dentro de um Fusquinha atrás. De repente, começaram a acelerar, fingindo que bateriam no Jeep com o Fusca. Nós estávamos parados em um cruzamento. E eles atrás, acelerando o Fusquinha, tentando bater no Jeep. Do nada, você se encheu da brincadeira, deu a ré e acelerou o motor como se fosse ir para trás com toda a força. Eles deram a ré e partiram num pinote que o Fusquinha foi ziguezagueando rápido até quase bater a traseira em um poste. Olhando a cena, foi, de longe, uma das mais divertidas de nossas vidas. Você colocou a primeira e saiu com o Jeep pleno, estrondoso e forte. Paramos de rir quando chegamos em casa. E rimos por muitos dias e anos sobre a cena. O Jeep nos trazia isto. Felicidade.

 Teve uma vez que, aos onze anos, você me acordou para ir com você buscar o carro que tinha ficado sem gasolina na volta da balada. Pegamos o Jeep. Quando você foi dar a ré, quase bateu nas paredes da garagem três vezes.

— Vai para lá, Babbo.

E você saiu da direção. Assumi toda confiante das minhas aulas e dirigi sozinha, com você ao lado me dando apoio, até onde você tinha deixado o carro. Você amarrou uma corda nele e foi quando amigos nos encontraram e nos ajudaram a trazer o carro para o posto e depois para a casa.

O Jeep sempre nos ajudou a construir nossas histórias. E não era só ele. Como sempre foi fã de gambiarras, decidiu um belo dia montar uma bicicleta para duas pessoas. Assim você e minha mãe poderiam andar juntos na orla da praia. A bicicleta, única na época na cidade, foi também a sensação. Todos olhavam para vocês andando de bicicleta. Você nunca quis provocar atenção de ninguém, mas era algo natural de sua essência.

. . . .

É engraçado como você sempre conseguiu todas as atenções. Estávamos no meio da sua última semana de vida e sua saturação começou a baixar muito e seus olhos azuis se apagaram. E foi aí que nosso pânico começou. O dia tinha sido tranquilo. No final da tarde que o jogo mudou. Estávamos no segundo andar da sala e seria impossível tirar você de casa. Precisava levá-lo ao hospital, mas não sabíamos como.

Ligamos para o bombeiro, contando o nosso problema. Imaginávamos que nunca viriam. E em pouco tempo estavam lá.

Eram oito. Vieram preparados para a nossa situação. Amarraram você na maca, você parecia um sushizinho com os bracinhos presinhos na estrutura. A escada fazia uma curva e tem uma parede circundando-a, quase imitando um túnel com o teto semiaberto, o que impossibilitava descer você porque não havia espaço para a maca. Havia, porém, um vão do segundo andar — da parte do teto — até a entrada do térreo, o que dava para colocar a maca em pé. A manobra era extremamente arriscada e era o único jeito.

Foram necessários os oitos homens. Depois de quarenta minutos de manobra, você estava no carro dos bombeiros, indo ao hospital. O Tiago foi com você. Dushka, Mana, Maricota e eu fomos atrás, de carro.

Quando chegamos à Santa Casa de Caraguatatuba, você já estava sendo atendido. Toda a questão era que você estava desidratado. Então, precisava tomar muito soro. Que foi meio o seu elixir. A saturação voltou ao normal. Pressão ok, tudo perfeito. Me liberaram para vê-lo em torno de uma hora e meia depois, e achei você em um espaço meio decrépito, cheio de macas e você em uma delas, separado por uma cortina. Afastei a cortina e vi você. Seus olhos brilhavam — pela hidratação e pelo pânico de estar ali —, então tirou a máscara de oxigênio da boca e pediu:

— Você vai me tirar daqui. Você não vai me deixar morrer aqui.

— Fica tranquilo, Babbo. Eu vou te tirar daqui.

— Agora!

Voltou a sua máscara na boca e fez um gesto de "vai, vai" com a mão para que eu arranjasse logo uma solução.

E aí sim começou a nossa verdadeira saga.

Saí correndo para falar com todos que estavam me esperando fora.

— Precisamos tirar ele daqui. O Babbo não quer morrer aqui. Temos que voltá-lo para casa.

— Como vamos fazer isso? — Tiago perguntou, porque já havia falado com os médicos e eles já haviam dito que não autorizariam a alta.

— *Baby steps*. A Dushka e eu vamos falar com os médicos e você e a Evinha tentarão convencer os bombeiros a levá-lo de volta.

— Você sabe que é meio Missão Impossível, né? — disse a Maricota.

— Maricota, você já ouviu alguma história do Babbo que não fosse com toda a atenção do mundo e muita emoção?

Todos rimos. Sabíamos que seria assim. Ele não permitiria nunca uma morte como qualquer outra. A parte boa de toda essa tensão era a nossa capacidade de rir, assim como você sempre nos ensinou. E parecia que, quanto mais vivíamos momentos de tensão, mais a gargalhada fazia parte deles. Com ela, tudo parecia possível. E foi.

A Dushka e eu íamos falar com os médicos. Mas ponderou:

— Liv, eu nunca consigo nada. Se eles me virem, vão dizer não, só porque estou lá. Vai sozinha, eu fico aqui fora esperando.

Minha prima tinha razão. A minha capacidade de convencer as pessoas e a dela eram diametralmente opostas. Decidimos que iria sozinha. Cheguei no posto de enfermagem e pedi para falar com um dos médicos. A situação de um hospital público, o único da cidade, não era a melhor possível. Ter a atenção de um médico para pedir alguma conduta totalmente fora do protocolo era algo ainda mais ousado entre as coisas que poderiam acontecer naquela noite.

— O Dr. Soares está vindo — retrucou a enfermeira, com uma voz de poucos amigos, depois de eu ter cobrado pela quarta vez.

E o Dr. Soares não vinha. Avistei um possível Dr. Soares na enfermaria e usei meu vozeirão e amplitude vocal — devidamente treinados em inúmeros Natais e festas familiares — para chamar a atenção.

— Dr. Soaressssssss, precisooo falar com oooo Senhorrrr! O médico percebeu que me atender seria prudente.

— Em que posso ajudá-la?

— Liv. Liv Soban, filha do Eduardo Heitor Soban, internado há pouco.

— Ah, sim! Olha, não tenho muito boas notícias...

— Doutor, eu já sei de tudo. Ele tem derrame pleural, metástase no intestino, fígado e não sei mais o quê. Está morrendo, mas o nosso problema não é este.

— Ah não? — Me olhou com uma cara duplamente assustada, por saber de todo o diagnóstico e não ser este o problema maior.

— Não, o fato é que ele não quer morrer aqui. Preciso levá-lo de volta para casa.

— Ah, mas isso é impossível. Não posso liberar um paciente assim.

— Não só pode como deve. Ele está hidratado, saturação estável, os exames saíram normais. Eu *vou levá-lo* para casa.

— Sinto muito, mas no meu turno não vai.

— Doutor, o senhor não está entendendo. O senhor é novo aqui. Meu Babbo é morador de Caraguatatuba acho que há mais tempo que o senhor é vivo. Quem o conhece sabe que ele odeia hospital e principalmente lugares feios. E, venhamos e convenhamos, que aqui não é a quinta maravilha do mundo, certo? Eu não pude curar meu Babbo, mas uma morte digna e tudo que ele pedir, eu o farei, dentro das minhas possibilidades. E esta é uma delas. Ele não morrerá aqui.

— Olha, eu não tenho alçada para fazer uma liberação desta.

— O senhor me autoriza a conseguir quem tenha?

— Eu duvido que você consiga, mas pode tentar o que quiser...

E aqui jaz a petulância de mais uma pessoa que um dia duvidou da capacidade de alguém de fazer o impossível pelo ser amado. Saí espumando de ódio, olhei para a Preta e ela, percebendo, já soltou um:

— Ai, tadinho deste médico. Ele não sabe o que está por vir.

Eu fiz um gesto para a Dushka para verificar como o Babbo estava. Como é bom conhecer as pessoas num nível que você nem precisa verbalizar mais. E fui acessar quem eu precisava.

Liguei para a primeira-dama, recém-eleita, grande amiga de infância. Contei o que estava acontecendo. Seria preciso pedir a autorização do Secretário de Saúde para resolver a nossa situação. Ela, muito amiga do meu pai, nem pestanejou:

— Fique tranquila, Livinha, faça o que for preciso.

No mesmo momento, informei ao Secretário da Saúde a situação. Disse que assinaria qualquer documento em que eximiria a responsabilidade do corpo técnico e assumiria toda a reponsabilidade, que ninguém precisava se preocupar, porque não processaria ou colocaria a profissão de ninguém em risco.

— Liv, eu entendo e já estou entrando em contato com o Hospital para liberarem o seu Babbo. Me dê alguns minutos que já envio uma mensagem para você ir falar com o médico responsável. O que precisar, estou aqui.

Sempre que falo ao telefone, fico andando para lá e para cá. Como o nervosismo e a ansiedade eram tamanhas, eu estava andando com tanta velocidade que, quando desliguei, fiquei até tonta. E decidi sentar num banco externo. Em poucos segundos, a Dushka saiu de onde você estava.

— E aí? — perguntou.

— O Secretário está vendo a liberação e o documento para eu assinar.

— Ótimo, ele só me disse: "Fala para a mamãe me tirar daqui logo".

Chorei. Limpando as lágrimas, chequei o celular e já havia uma mensagem: "Leva seu Babbo tranquilo para a casa, tudo liberado". Respirei fundo e voltei para o posto de enfermagem. As enfermeiras me olhavam num misto de revolta e admiração por eu ter orquestrado um feito, para elas, impossível.

O doutor veio ao meu encontro com aquela cara de vergonha e nervosismo por terem passado por cima dele, segurando o documento tão forte que a página quase rasgou.

— Muito obrigada pela sua atenção, doutor — me adiantei. — Se não fosse o senhor, não conseguiria levar meu Babbo para casa.

— Err. Hum. Não tem de quê.

Me deu o documento, preenchi, assinei e devolvi.

— Como você vai levá-lo de volta, se precisou de oito bombeiros para tirá-lo de lá?

— Do mesmo jeito, com os bombeiros.

— Eles não fazem isto.

— Fazem sim, doutor. Fazem sim.

E vi, mais uma vez, o doutor e as enfermeiras olhando estupefatos com a minha certeza impávida de leoa protegendo seus filhotes. Mamãe cuidará de tudo, Babbo. Mamãe cuidará de tudo.

Quando saí do hospital para a parte externa, avistei a Evinha e o Tiago.

— E aí?

— Conseguimos!

— Como? — perguntei já com lágrimas escorrendo no rosto de alívio e certeza de que o amor sempre consegue tudo.

E o Tiago logo começou a contar:

— Pedi para a Evinha ir na frente e usar todo o charme de anjinho dela. Ela foi andando como pinguinzinho e, toda charmosa, com o seu "Boa noitchy". Os bombeiros já se abriram com tanta ternura. E eu contei toda a história para eles, da importância de ele morrer em casa, porque odiava hospital etc. Os bombeiros disseram que o protocolo é tirar de um ambiente de perigo, não de devolver. "Sim, nós sabemos, mas não vamos tirá-lo mais de lá. Ele está indo embora, mas quer morrer em casa. É o seu último desejo e precisamos satisfazer sua última vontade. Pensem se fosse seus pais, seus tios". "Mas o médico nunca vai liberar um paciente assim, nestas condições". Liv, aqui nos entreolhamos, tremendo de medo do blefe que íamos fazer, mas nem pensei duas vezes, pois sabia que você conseguiria. — "Não só vai como já liberou", eu disse. — Meu tio está esperando só a carruagem mágica dele com os anjos, vocês, para o levarem de volta ao seu ninho. Foi então que eles se entreolharam e perguntaram se havia alguma outra emergência. "Vamos falar com o nosso superior e já voltamos". Acho que foram os quinze minutos mais longos da minha vida. Quando eles voltaram, olhei para a Evinha e vi os olhinhos dela tão arregalados que parecia um anime que não consegue segurar a tensão. "Vocês deram sorte, a noite tá tranquila e vamos levá-lo de volta". Cara, eu abracei e beijei todo mundo. E viemos embora dançando.

A gente se abraçou, rindo e chorando ao mesmo tempo. Entrei no hospital correndo e gritei bem alto:

— Babbo, conseguimos tirar você daqui. Os bombeiros já estão vindo nos buscar.

Você fechou os olhinhos de felicidade, apertou minha mão bem forte e me deu um tapinha nela de amor. Te abracei e disse que iria esperar eles chegarem. Precisava chorar longe de você.

Ao sair, pedi para a Maricota ficar com você.

O que eu bebia de vinho, o Tiago e a Dushka fumavam. Eram duas chaminés. Acho que eles fumaram tanto nesses dias que logo depois ambos pararam de fumar e nunca mais colocaram um cigarro na boca.

Estávamos lá fora, o Tiago descrevendo a cena combinada antes de entrar nos Bombeiros:

— Vai, Evinha, aquele sorriso que ninguém sabe dizer não.

E a Evinha sorria. Foi desta vez que o Tiago descobriu que tanto a Evinha quanto eu falamos com eco. Inconscientemente, nós temos a tendência de repetir as últimas palavras do outro.

— Vamos fazer direitinho para os bombeiros levarem o Babbo de volta.

— De volta.

— Vai, Evinha, sorria.

— Sorria.

Caímos na risada.

— Por que será que vocês são assim?

— Não sabemos, mas fato que é algo genético — expliquei.

— Genético — falou a Evinha. E rimos novamente.

— Pô, Putinha, estava falando aqui para elas todas as vezes que eu vinha com uma galera para Caraguá, sem avisar, e ficava tipo dias na casa do seu pai. Um dia cheguei com seis amigos. Seis! E ele abriu os braços como se fosse só eu. Lembro até hoje do dia. Ele dizendo que não havia feito compras e não tinha o que comer. E eu falei para ele relaxar porque havia trazido macarrão, atum e molho e o jantar estava garantido! Hahahaha. "Isto é ser Soban", dizia dando aqueles tapas homéricos nas minhas costas. Meus amigos não paravam de repetir que queriam um tio desses para eles...

Ouvimos a sirene dos bombeiros se aproximando. Chegou a hora. Entrei no hospital correndo e gritando:

— Babbo, estamos indo embora daqui. – Você queria arrancar o soro e se levantar.

— Calma, vamos tirar tudo e você volta com os bombeiros.

— Vamos, vamos embora — disse, tirando a máscara de oxigênio da cara. A enfermeira veio correndo, nos ajudou a desplugar você. Os bombeiros chegaram com a maca deles, passamos você para ela, colocamos no carro da corporação e você partiu novamente com o Tiago para casa.

Minha prima Du foi pegar o carro. Entramos minha irmã Evinha, minha sobrinha Maricota e eu. Nem acreditava que havíamos conseguido. Mandei uma mensagem de agradecimento a todos que eu envolvi aquela noite.

— Tia. — minha sobrinha começou — O vô estava contando quando ele ensinou você a jogar xadrez com cinco anos de idade. E ele ganhava todas até uma época em que vocês estavam jogando, sei lá, dez partidas por dia. E você começou a ganhar dele. Daí, o vô estava contando que se lembra de ter ganhado de você depois, no máximo, duas ou três vezes. E era uma pena você ter abandonado o jogo, porque você seria uma exímia enxadrista.

— Exímia, eu não sei, mas eu sempre criava jogadas diferentonas. Mas, na época, era um esporte muito fechado, elitista e masculino, e isso me encheu. Nunca estudei xadrez. Joguei sempre muito com a intuição que o Babbo me ensinou a usar. Hoje vejo que deveria ter estudado.

— Ah, sempre tem tempo — refletiu a Maricota. — Ele também estava contando todas as vezes que você ia para os bares com ele ou casa de amigos de moto. Ficava tarde e vocês tinham que voltar. Para você não dormir na garupa, ele ia tomando tabuada de você. E você ia resolvendo os exercícios até chegarem em casa. Ele confessou que eram as noites que mais morria de medo que acontecesse algo com você. E ele perguntava a tabuada e contava até dois, se você não respondesse, ele gritava. E você sempre acordava. Tia, ele está tão lúcido que até estranho. Eu sempre achei ele lúcido e inteligente além da conta, mas a cabeça dele não desliga jamais. É impressionante a quantidade de memórias que ele tem e o quanto é grande o amor por você. Hoje eu tomei consciência de sua grandiosidade.

Era indubitável, meu caro Babbo, que essa conversa com a Maria me fizesse chorar.

Lágrimas eram meu nome do meio. Meu choro, no entanto, não era depressivo, triste, não. Ele sempre foi de amor. Sempre foi uma espécie de prática do desapego físico. Tinha consciência que iria te perder e as lágrimas eram uma forma de deixar você ir. Era a forma de transbordar aquela situação. Converter dor em amor. Tinha que aprender, naquele momento, a ter você somente dentro de mim.

Chegamos em casa, os bombeiros estavam esperando a gente chegar. Eles pediram para afastarmos todos os móveis para facilitar a sua entrada. Os cuidadores já estavam lá com a cama pronta, te esperando. Fizeram até uma sopinha para ver se você tinha fome.

Os bombeiros tiraram você do carro, e na maca como um sushizinho você foi colocado de pé no vão da escada. Quatro bombeiros estavam embaixo para te levantar e quatro em cima para te puxar. Quando te subiram, os quatro que estavam embaixo subiram para ajudar a te colocar na cama. Depois de você na cama, oferecemos água para todos. Aliás, oferecemos de tudo. Comida, vinho, o que eles quisessem. Mas, como todo herói, beberam um pouco d'água para não serem descorteses e partiram em sua carruagem. Éramos só o pó. Estávamos sentados com a mesa empurrada toda para o canto, como se fôssemos carniças de peixe morto.

— Cadê o controle da tevê? — você falou com uma voz pura, límpida, curada.

O cuidador te passou o controle e você começou a procurar a Globo News, um dos seus canais preferidos. Olhávamos para você, estupefatos. Depois de tudo vivido naquela noite, você estava como não esteve nos últimos dias: bem.

Todos fomos dormir. Decidi dormir com você. Ao seu lado. E você, ao descobrir, levantou os bracinhos e fez dancinha para mim. Nós ficamos assistindo tevê por mais um bocado de tempo até você pegar no sono. Eu desliguei tudo e me aninhei no seu braço, como nos velhos tempos, e dormimos juntos.

Incontáveis foram as vezes que dormimos juntos. Éramos muito parceirinhos. Assistíamos a programas, conversávamos e dormíamos. Um dia qualquer, uma de suas namoradas havia indagado por que dormíamos juntos. Você disse, na hora, que a perversidade mora na cabeça de quem pensa o sujo. E terminou com ela. Achava escroto quem pudesse manchar uma relação de amor entre um Babbo e uma Figliola com qualquer sentimento sujo. E eu também. Quem ama abomina a perversidade.

No dia seguinte, acordei e olhei para você, apertando as mãos, os braços levantados, movimentando-os para perto e longe de seu tronco; e você estava emitindo um som como se estivesse fazendo muita força. Foram longos esforços, bracinhos levantados se mexendo com as mãozinhas apertadas e um gemido de esforço. Observei aquilo sem entender o que estava acontecendo. De repente, você relaxou e ficou alguns segundos em silêncio. Então, abriu os olhos com uma serenidade que nunca havia visto. E olhou pra mim, assustado:

— O que você está fazendo aqui? — Bradou.

— Ué, Babbo, dormi com você.

— O que ela está fazendo aqui? — Perguntou sobre a cuidadora.

— Babbo, ela chegou de manhã.

— O que tudo está fazendo aqui?

— Babbo, nós não mexemos em nada.

— Eu não morri?

— Não, Babbo. — Confesso que respondi já rindo um pouco. E, finalmente, você gritou:

— Caraleooo, o que uma pessoa precisa fazer para morrer em paz nesta vida?

E todos caímos na risada. Você estava possesso. Eu te abracei com muito amor. E sussurrei no seu ouvido:

— Fica tranquilo que você já já vai saltar daqui. Te amo.

Aos poucos, todos foram acordando e comecei a contar o acontecido para os demais. Você balbuciava revoltadinho, sempre tendo um sorriso no canto da boca. Admita, vai, que estava gostando daquela farra em que tirávamos sarro de você?

Você, que sempre adorou tirar sarro das pessoas, uma de suas estratégias preferidas era apelidá-las. Eu puxei isso de você. A diferença é que eu apelido os meus com amor e você escolhia o sarcasmo. Como você sempre foi incrivelmente fofo e sedutor, ninguém ficava bravo com seus apelidos. A Mima, a voz da consciência, era a única que talvez conseguisse fazer você diminuir no tom quando passava dos limites. Turtle, Cabelo, Mãozinha, Águia, Dondoca, Chiveta, Hambúrguer, Coisinha, eram tantos apelidos e eles pegavam. Em nosso íntimo nunca mais chamávamos as pessoas de outro nome senão pelo apelido proferido.

Só eu, tinha vários: Livonilda Conceição Rodrigues, baixinha, lambisgoia, escorpiãozinho, Figliola e, agora, mamãe. Este último você me chamava sem querer, mas quando olhava para mim, automaticamente me chamava de Figliola ou qualquer outro já batizado. O "mamãe" normalmente era usado para falar de mim com qualquer outra pessoa. "Pergunta para mamãe", "O que a mamãe acha"... Naquela manhã, passamos falando sobre todos os apelidos e de sua energia. Só pensava em quanto foquei em cuidar bem de você todo aquele tempo, e foi então que percebi que estava em um abismo. Foi naquele momento que me dei conta de que nunca havia pensando em como seria a sua partida para mim.

> Nunca faça algo pensando na consequência. Se preocupe em fazer a prova. A nota é consequência. Se esforce em realizar uma atividade com vontade. O resultado virá depois. Foque na causa. A consequência virá naturalmente.

A ÚLTIMA CEIA

Era hora do almoço. Você queria comer algo gostoso, para variar. A Dushka vinha se matando na cozinha já sabendo que tudo que ela cozinhasse não iria te satisfazer. Estávamos lá para ao menos tentar. Você se virou para mim e desembuchou do nada:

— Quero dois velórios. Um em Caraguá e um em São Paulo. Amei muita gente, amo muita gente. E quero ser velado nos dois lugares. Não me venha me encher de flores ou colocar paletó. Quero o caixão mais simples que existir. Calça jeans e minha camisa de linho branca. Nada mais. Você vai me cremar e jogar as cinzas na Cocanha. Está anotando tudo?

Como sempre, lágrimas caíam dos meus olhos. Não tinha voz e só balançava a cabeça, confirmando um sim.

— Presta bem atenção porque eu quero exatamente tudo do jeito que estou falando.

E assim ele foi me passando todas as coordenadas. O que queria fazer com seu carro, com sua aposentadoria, com seus pertences. Você, com sua lucidez, me falou todos os seus desejos e me fez prometer que fizesse como havia pedido. E eu fiz.

— Ainda bem, Figliola, que você tem os três mosqueteiros e uma aspirante para te ajudar com tudo.

— Babbo, se não fosse por eles, acho que não estaria aqui.

— Ah, estaria sim, Figliola, estaria.

Esses últimos dias estavam mais tristes, porque você não levantava mais da cama. Já estava bem cansado e não aguentava mais as visitas das pessoas. E como você era visitado, Babbo! Em média, recebemos mais de vinte pessoas por dia naquela semana.

Os dias passaram em câmera lenta. A sensação de todos da casa era de que um dia durava meses. Acontecia tanta coisa que não entendíamos como as horas demoravam tanto para se deslocar. Eu estava tão em outro mundo que tudo que eu pudesse evitar de lidar com o humano, evitava. Fugia de qualquer situação que me colocasse para baixo. O que estávamos vivendo já era suficiente para eu administrar.

A eminência da morte de quem você ama, sem data para acontecer, dá um senso de urgência da vida tão grande que acaba até te desconectando do cotidiano. Nada mais faz sentido. As memórias ganham força para te segurar, o que você sente no momento é a única coisa que importa e o amanhã é um quadro branco que você não tem ideia de como será pintado, com quais cores e que tipo de tinta irá usar. Só conseguia visualizar uma grande tela branca. Uma tela que eu sabia que não teria mais você, mas que deveria pintar de alguma forma. E, pela primeira vez, entendi a importância do agora. Eu olhava para este amanhã tão ermo, distante e frio que deixei ele de lado. O momento era o agora. O meu agora com você.

As visitas, no final, eram boas porque você, com sua lucidez, precisava de constantes informações novas. E elas ajudavam você a falar das boas memórias. Mesmo rabugento — o que eu docemente apelidei de Ternurinha —, você gostava delas ali.

E em meio às visitas, as suas namoradas vieram te ver. As antigas e a atual. Foi um bom momento para você se despedir de todo mundo. Elas sempre te amaram e você sempre amou todas elas. Todas foram muito importantes na sua vida. Te fizeram companhia, vocês trocaram o que precisaram trocar e aprenderam também entre vocês. São tantas histórias nesta seara que prefiro não dizer. Ainda mais sob o olhar de filha.

Ser filha de Babbo é entender que seu pai é homem e que há bem mais que uma mulher na vida dele. Ser filha de Babbo é despistar uma namorada para a outra entrar.

Hoje, como mulher, entendo muito mais suas namoradas do que um dia entendi. Principalmente o ciúme, a posse e a disputa por atenção. Num mundo em que mulheres são criadas para se odiarem, toda a reação negativa que elas tiveram é justificada. Havia uma que sempre foi bem visionária para seu tempo, porque era feminista de verdade. Tirando ela, as outras repetiam o mesmo padrão de meninas que foram criadas para seus maridos. Você nunca me criou para marido nenhum. Você não me criou nem para ser mulher.

— Uma das coisas que mais me orgulho é ter te criado sem gênero. Se tivesse um filho homem, o teria criado igualzinho — dizia de boca cheia.

Minha sobrinha, a Maricota, era quem adorava as nossas histórias. Essa semana serviu para vocês se unirem. Ela te perguntava tudo sobre a gente e você falava como se as coisas tivessem acontecido ontem. Nem eu lembrava de tanto detalhe. E ela, como toda feminista, amava saber que você não sabia que tinha que comprar calcinha para mim, que era preciso escovar meu cabelo para sair de casa — até hoje não aprendi a pentear minhas madeixas. E teve um dia em que a professora reclamou que eu ia muito maltrapilha à escola... Por isso, depois, você me fez um rabo de cavalo com trança puxando tanto que fiquei chinesa por três dias. Do que a Maricota ria mesmo era da vez que, de tanto piolho que peguei na escola, você enrolou minha cabeça num saco de plástico preto e tacou Detefon. Ah, os anos 1980.

— Vô, você não tinha medo de matá-la envenenada?

— Olha, eu até tentei — e ria —, mas ela sempre foi mais forte.

— Pelo menos, retardadinha ela ficou, né? - E os dois caíam na risada.

É engraçado, Babbo. A semana que deveria ser a mais triste de nossas vidas foi repleta de memórias boas, amor e esperança de que nós continuaríamos os seus passos, do nosso jeito. Havia um sentimento de união, de força, que só quem passa por momentos desses entende. Os laços familiares foram tão fortalecidos que a minha sensação é que, hoje, são inquebráveis. Não que eles fossem antes, mas agora se tornaram tão fortes que impossibilita qualquer tipo de quebra.

A Dushka e o Tiago estavam começando a cozinhar algo para nós. A Evinha os estava ajudando e eu, que tentava fazer o mínimo possível, comecei a colocar a mesa. Botamos uma música, tentamos dar comida para você, em vão. Lembro de você me dizer para que comêssemos, que você ficaria deitado ouvindo as nossas conversas. E assim o fizemos. Foi uma noite agradável. Com muitas risadas — inclusive dava para ouvir as suas também.

Para te falar a verdade, lembro das sensações, de todos juntos e de poucos detalhes. Não tinha prato requintado, vinho especial. Não tinha visita. Éramos só nós naquele passar do tempo bossa-nova. Era o zumbido da cigarra, dos gambazinhos do sótão e de nossas vozes, que às vezes ficavam excitadas ao contar ou ouvir algo engraçado. E outras se embargavam por lembrarmos da realidade nada promissora.

O que ficou em minha memória foi o fato de esta ter sido a última vez que comemos e rimos juntos. A nossa última ceia.

> Cultive as boas lembranças. São elas que te darão uma boa base para seu presente. As ruins você joga fora. O importante não é lembrar de tudo, mas sentir tudo aquilo que viveu de bom. Será esse sentimento que te dará forças para sempre continuar.

BABBO FOI VELEJAR NO CÉU

V ocê, que me criou desde os meus nove anos, nunca ligou para datas, odiava tudo que fosse obrigado, mas fazia questão do Dia das Mães. Você até se comprava presente. Aliás, adorava se comprar presente e dar pretexto do Dia das Mães.

A Sahara foi assim. Apareceu em casa, morávamos ainda na Paul Harris, no centro de Caraguá, e me falou para ir à rua ver seu brinquedo novo. Ao sair pela porta, vi a moto lá estacionada. E então, você completou:

— Eu mereço, hoje é o Dia das Mães.

Depois foi a febre do (011)1406. Ficamos viciados nas propagandinhas que vendiam produtos estúpidos. A primeira delas foi a Bag Freezer. Um dia você chegou todo pimpão pulando na cozinha e falou:

— Meu presente de Dia das Mães chegou! Ele chegou!

Você levava a Bag Freezer para todo o lugar. Dizia que era seu convescote. Não importa onde estivesse, quando chegava a sua "Hora Feliz", abria sua lancheira e se servia de uísque e um mix de sementes. Foi assim quando começou seu primeiro curso de Autocad. As pessoas não acreditavam como alguém podia ser tão desprendido e genuinamente feliz em todos os momentos da vida.

Claro, claro. Você era ansioso, preocupado com a falta de grana, entre todos os problemas e defeitos que nós seres humanos temos. Mas o que o fazia diferente dos demais, a meu ver, era que você fazia de tudo sempre para ser feliz no momento. Ah, Babbo, você tinha uma emergência em ser feliz. E esse sentimento fazia com que você encantasse todos à sua volta e os deixava felizes também. Afinal, ser alegre sozinho é ser pela metade.

Teve a vez em que comprou a Frigidiet. Uma panela psicodélica que tinha um furo no meio e dizia que não precisava de óleo para fritar os alimentos. Tudo ficava horrível, a não ser o amendoim, que você comprava cru e preparava na tal da frigideira. Esse, sim, ficava perfeito. Quando conseguiu chegar no resultado do amendoim perfeito, parecia que tinha inventado a roda! Nem Newton teve tanta satisfação ao escrever a sua primeira lei. A Frigidiet passou a ser o preparador oficial do amendoim que você levava em seu convescote na Bag Freezer.

E quando eu não te telefonava no Dia das Mães? Já me ligava, possesso:

— Ei, não vai ligar para sua Mãe, não?

— Já liguei, Babbo.

— Eu estou falando de mim, *porra*!

Você me criou e deixou outras mães me criarem. Sou sortuda porque tive você, minha mãe e tantas outras mães como referência. Ter essa variedade me deu uma visão ampla o suficiente para descobrir que eu não nasci para ser uma. E, você, Babbo sempre soube disso.

. . . .

Quando um dia, bem lá atrás, eu te disse que gostaria de ter um filho, você me olhou nos olhos e despejou que não me via muito como mãe. Fiquei fora de mim, briguei com você e pensei, na época, que estava com ciúmes em me dividir. Mas não, hoje vejo que você sempre teve razão.

Explico. A mãe nasce mãe. Ela pode ser mulher, homem, trans, abobrinha, uma capa de celular, qualquer tipo, quem nasce mãe, nasce com capacidade de se doar o suficiente e ver a sua vida continuar na vida de um outro ser, não importa quem seja. A quem tem essa capacidade, chamo de super-herói.

Vejo muita gente que, por uma construção social ou imposta por desejos alheios, assumiram esse papel — e sinto dizer que não nasceram para ele. E é quando se vê tanta gente aí com problemas que nem Freud, Jung, Lacan e a cambada toda conseguem dar conta. O ponto é: nem toda mulher nasceu para ser mãe.

Essa minha descoberta — e, agora, saída do armário — se deu num dia qualquer de verão. Não é porque você é mulher que precisa ser mãe. E é muito difícil para uma mulher entender isso. Tenho amigas que desde muito tempo sabiam que não queriam ter filhos e outras que sabiam que queriam. Sempre estive no limbo. Sempre pensei que queria ter, mas fazia de tudo inconscientemente para não ter. Trabalho, carreira, dinheiro, estrutura, namorado, tudo era motivo para não ter filho. Eu fazia um *checklist* tão grande do que eu tinha que realizar antes de ficar grávida que, hoje, percebo que nem a pessoa mais rica do mundo e com tempo de sobra conseguiria completar essa minha lista.

Era uma lista impossível. E quem nasceu para ser mãe, não pensa em nada, simplesmente é. Mãe dá um jeito para tudo se ajeitar, fazer acontecer e criar aquele serzinho com ou sem tempo, com ou sem estrutura, com ou sem dinheiro, com ou sem família. Tenho uma irmã assim, a Evinha é uma das mães mais mães do mundo. A capacidade dela de doação é algo que nunca vi em nenhum outro ser. Ela ama incondicionalmente. No resto ela dá um jeito.

Somente hoje entendo o que você queria dizer, Babbo. Eu não nasci com essa capacidade. Apesar da pressão social, dos comentários, das pessoas olhando torto por causa dessa escolha e, principalmente, dá dor de aceitar e assumir isso internamente, está tudo bem. Porque, ao me conscientizar dessa escolha, fiquei aliviada, parei de me sentir em uma fila indo para um lugar que eu não queria. Quando uma mulher tem consciência de que, apesar de todo o limbo, ela não quer ser mãe, alguns reais em terapia são poupados e podem ser consumidos alegremente com vinho, por exemplo. Já você, Babbo, que não é mulher, fez de tudo para ser minha mãe. Você quis ser minha mãe. Tanto que tinha orgulho do Dia das Mães.

. . . .

O dia acordou lindo. Lindo de dar medo. O primeiro pensamento que veio à minha cabeça quando abri os olhos:

"Meu Babbo vai embora hoje."

Não sei explicar, mas eu apenas sabia. Tomei uma ducha fria para acordar. Escolhi uma calcinha de renda rosa tipo shortinhos e um top azul. Por cima, um vestido de algodão bem menininha, larguinho, sem cintura. Me olhei no espelho com a cara lavada e pensei: "Hoje é um dia lindo para se velejar no céu".

Desci para sala, onde você já começava a acordar. Como era nosso ritual, me deitei ao seu lado. Você estava cansado. Não aguentava mais essa espera. Como já não levantava da cama, levantei você com ajuda de seu cuidador. Você já estava com o oxigênio numa concentração bem maior que a prescrita. Não poderíamos tirar por mais que cinco minutos que a sua saturação caía abruptamente.

O oxímetro vivia no seu dedo. De 95 de saturação, você já estava com 88 e caindo. Olhou pra mim com seus olhos que, incrivelmente, estavam mais azuis que nunca, apertou minha mão e fechou os olhos bem cerrados, como estivesse querendo me dizer que a hora havia chegado.

A Dushka, o Tiago, a Evinha e a sua neta Maria começavam a acordar. Quando chegaram à sala, olhei para todos, ainda ao seu lado, e disse, só mexendo os lábios, sem sair nenhuma voz: "Chegou a hora".

O Bostinha já não saía dos seus pés há um dia, não se mexia de lá nem para tomar água. E, desta vez, o Bostão deitou aos pés da cama e também não saiu mais de lá.

Comecei a lacrimejar e disse que estava triste porque não havia dado nada para ele que uma filha normal daria. Ele não pôde me levar ao altar, ter um neto meu, nada que se era passível de se esperar de uma filha.

Você tirou a máscara de oxigênio e respirou bem fundo:

— Você me deu mais alegrias e orgulho que eu jamais imaginaria que poderia ter. Tudo isso que você está me dizendo é uma grande bobagem. Você me deu tanta coisa que eu estou aqui sem medo de seguir adiante.

Comecei a chorar. Você apertou a minha mão, fechou os olhos e voltou a máscara de oxigênio. Sua saturação começou a cair. Seus olhos piscina me olhavam com medo, você estava incomodado com tudo que estava acontecendo.

Estávamos com medo de você sentir dor. Até o momento, o remédio mais pesado que estava tomando era Tramal. Sua saturação caía, mas não baixava muito. Perguntei para você se queria morfina e acenou que sim. A Dushka e o Ti ligaram imediatamente para o restante da família para combinar quem iria trazer morfina para você. E o processo não seria tão simples.

Tínhamos que pegar uma receita de liberação especial com o seu médico, achar uma farmácia em São Paulo que tivesse o medicamento disponível e fazer com que alguém voasse para Caraguá com seu remédio. A Téfi, namorada do Tiago, e a Mayu se encarregaram disso com a sua irmã, tia Eva. Para completar a saga italiana, o seu oxigênio estava acabando. Estávamos desesperados porque era janeiro, as estradas estavam sobrecarregadas de carros. Sair da Cocanha e chegar até o centro de Caraguá levaria algo em torno de uma hora para ir e, pelo menos, mais uma para voltar. O seu oxigênio não aguentaria tanto tempo.

Era verão e, em Caraguá, urgência estava fora de qualquer dicionário regional. E tínhamos que receber esse oxigênio em menos de quarenta minutos. O Tiago ligou para a única empresa que alugava oxigênio na cidade e usou todos os artifícios verbais possíveis para conquistar o atendente do outro lado da linha. Acho que foi o xaveco mais importante da sua vida. Depois de alguns minutos e muita lábia, conseguiu convencê-lo a enfrentar a estrada em uma motinho com alguém na garupa segurando o tubo de oxigênio. Não dá para descrever o quão errado todo esse movimento era. Porém, era a nossa única opção.

Obviamente, o oxigênio saiu a preço de ouro com diamantes, mas estava a caminho. Ainda estávamos lutando contra o relógio. E seu tubo estava com menos de sete por cento. Percebi que você não queria mais falar, era chegada a hora de trocarmos nossas últimas palavras.

Acho que nunca mais viverei um momento tão difícil como esse. Tirei sua máscara de oxigênio novamente, você me olhou ainda amedrontado do que viria depois.

— Vamos velejar nas nuvens, Babbo?

— Você vai comigo?

—Vou.

— Então, vamos amanhã.

— Vamos. Vamos amanhã.

E essas foram suas últimas palavras. Você deixou de falar, mas não ia embora.

Foi aí que recebi uma ligação da Ângela, minha terapeuta havia mais de cinco anos. Ela me disse que tinha sonhado com você e precisava descer para Caraguá para ajudar no processo. E eu nada poderia fazer para impedi-la.

— Angel, meu Babbo abomina qualquer coisa dogmática.

— Não tem dogma, Liv. Tem amor.

— Então, venha.

Deitei ao seu lado e fiquei esperando o oxigênio, a morfina e a Ângela chegarem. Nossas mãos não desgrudavam... Foram as horas mais difíceis de nossas vidas, tenho certeza. Todos aqueles dias passavam já com uma lentidão estranha e aquelas horas específicas, então, valeram por dois meses.

O oxigênio chegou com um por cento para acabar.

E, no fim, Ângela chegou antes da morfina. Ela me deu um abraço bem forte e sentou-se ao seu lado. Pegou nas suas mãos e disse:

— Está acabando este processo. Fica tranquilo que você ficará muito bem. — Se levantou, chamou todos nós para um pouco longe de você e falou de um jeito bem ríspido e direto para que todos ali em casa se despedissem. Não podia chorar, não podia se lamentar. Deveríamos falar de amor e mais nada. E assim o fizemos. Dushka, Tiago, Evinha, Maricota, os dois cuidadores e eu. Contamos de nossas histórias e, principalmente, falamos que você poderia ir tranquilo que estava tudo bem.

Ao terminar, eu já ia deitar ao seu lado de novo, mas ela me impediu.

— Vem cá, Liv, senta aqui ao meu lado. Vamos ver estas fotos.
— Sem perceber, ela me distraía para você ir embora.

E como você nunca deixou pra amanhã o que poderia ser curtido hoje, você foi.

Quando percebi, ela me virou e declarou:

— Ele não ia embora por tua causa. Mas você entregou a sua pequena parte a ele. E, como vocês combinaram, os dois agora estão velejando no céu.

Saiu um grito rouco da minha garganta. Levantei e fui andar em volta da piscina.

Que coisa mais estranha, Babbo.

Sabia que você tinha que ir. E, quando você foi, parecia que, mesmo depois de todo esse tempo, eu não estava preparada para esse grande momento.

Fiquei sem ar, dei mais um grito, voltando-me para o mar. Lágrimas começaram a cair dos meus olhos. E, aos poucos, todos vieram me abraçar.

Nesse dia, descobri que perder alguém que amamos dói também fisicamente.

CRÉDITO: LAERTE ROJO.

> Aproveitar o agora. Se eu posso viver já, por que pensarei o depois? Figliola, viva o agora. O amanhã, a gente pensa quando chegar a hora.

VELORETA

> SER FILHA DE BABBO É APRENDER
> QUE DEVEMOS SORRIR E RIR SEMPRE,
> MESMO NAS TRAGÉDIAS, COMO FIZEMOS
> NO MEIO DE TODOS OS ACONTECIMENTOS.
> SER FILHA DE BABBO É TER SIDO TÃO
> AMADA QUE HOJE SÓ SABE DAR AMOR.

Não lembro de um dia teu sem uma tentativa de festa. Muitas noites éramos só nós dois e qualquer notícia boa que eu te dava, já ouvia suas palavras:

— Então temos que comemorar.

E, como não poderia deixar de ser, foi assim também nos seus velórios.

O primeiro foi no único lugar que existe para fazer velório em Caraguatatuba, o cemitério da cidade. Acho que mais de meia

Caraguá estava lá. Quantas pessoas te amavam, Babbo. Gente chorando, ficando ao seu lado, querendo ficar a noite inteira.

Eu estava atônita. Sem saber se eu chorava, gritava. Hoje olho para trás e percebo que eu estava hipnotizada. Algo aconteceu no meu corpo que me anestesiou e fui perceber só depois a sua perda. Eu a sinto até agora e acho que sempre a sentirei. E foi escrevendo este livro para você que senti mais a sua falta. Nesse velório, todos vinham me cumprimentar. A mim e a Evinha. A Dushka, Mayu e Tiago não saíam do meu lado. A Evinha conseguia ser mais social. Ela sempre foi mais social. Com o seu sorriso, as pessoas gostam gratuitamente dela, assim como gostam de você. Eu, mais espevitada, brava e rabugenta, tenho mais dificuldade para me enturmar. Mesmo assim, todos que acompanharam nossa trajetória vinham me abraçar. E os abraços eram verdadeiros. Eu senti muito o amor que tinham por você naquela noite. Não só pela pessoa que você foi, mas pelo profissional, pelo que fez pela cidade, as suas casas.

O mais bonito foi ver a quantidade de pessoas que você ajudou. Todos chegavam para mim com uma história nova. De quando você fez um projeto de graça, ofereceu um emprego, ajudou na compra de algo. De uma forma ou de outra, você sempre conseguiu estender a sua mãozona aos que mais necessitavam. Eu entendi a sua prosperidade ali. Na sua capacidade de tirar as pessoas de uma situação que elas, sozinhas, não conseguiriam. Que jardim que você plantou, Babbo. Quantas flores você deixou por aí. Foi nessa noite que percebi o quão rico era. O quão rico sempre foi.

Não consigo lembrar de muita coisa. Me esforço, mas vejo só flashes. A única coisa que me lembro bem é que não queria te ver. A Dushka e o Ti fizeram tudo. E eu não conseguia nem entrar muito na sala onde você estava. Via você lá no caixão e já queria sair.

Lembro muito da Selminha e do Zinho. A estes eu sou grata eternamente. Porque eles foram presentes todos os dias do seu fim. E que apoio deram. Assim, gratuitamente. É amor que fala, né, Babbo? É amor.

As pessoas passaram a madrugada com você. Depois de um tempo, eu quis ir embora. E te deixei. Você ficaria a noite em Caraguá e depois pegaria o carro para ir a São Paulo. Ao seu segundo velório.

Fomos para casa porque precisávamos dormir um pouco antes de pegar a estrada. Não te disse até logo. Apenas saí. Lembro de você parafraseando a Preta:

— Liv, como a Dushka diz, quem quer ir embora, não dá tchau, apenas sai de cena.

"Quando você dá tchau, abre uma oportunidade para alguém fazer você ficar."

E eu não poderia abrir nenhuma chance para ficar lá com você, Babbo. Minha cabeça estava muito aérea. Eram tantos pensamentos passando por mim que estava tomando muito cuidado para não reter o de pior tipo.

Lembro-me de não conseguir dormir. Aliás, nem fechei os olhos. A um certo ponto, decidi tomar banho no seu banheiro. Até hoje em casa digo que a suíte principal é a tua. Teu banheiro. Até hoje. No banho escaldante, lágrimas escorriam dos olhos. Mas eu não chorava. Eu sentei no chuveiro e deixei a água escorrer em mim pedindo para me dar forças para não cair naquele abismo que via se abrindo embaixo de mim. Eu estava muito fora de órbita para agir, mas consciente o suficiente para saber que poderia cair a qualquer minuto.

Alguém bateu na porta do quarto.

— Liv, temos que ir.

Me enxuguei, escolhi um vestido lindo que ganhei de uma grande amiga, todo preto e muito elegante. Eu queria, ao menos, demonstrar a você que estava forte o suficiente para seguir. Decidi levá-lo e me vestir antes de chegar ao seu segundo velório. Iríamos parar na casa da Dushka, nos trocar, esperar um pouco para dar o horário e sair.

Foi uma viagem tranquila. Meio silenciosa, meio a gente lembrando das suas histórias. Risadas iam e vinham. Ainda era noitinha, mas o sol foi aparecendo aos poucos e o dia nasceu com uma esperança difícil de ser decifrada. O que aquele dia queria me dizer, se já sabia que não acabaria bem? Por que a manhã insistia em me mostrar beleza na vida?

É impressionante. Mesmo querendo me afundar, você me deu tanta vida e, o mais importante, tanto amor à vida, que eu fui vencida por aquele sol. Deixei ele entrar no meu rosto, respirei, não só o ar, mas seus raios, e me senti inundada de paz. Sabia que seria tudo muito difícil, mas naquele momento, enquanto a Dushka dirigia e eu estava encostada recebendo aquela luz na cara, entendi que eu não cairia em buraco nenhum. Entendi que, do jeito que você me criou, a minha única alternativa era aprender a voar.

A tia Eva conseguiu o cemitério mais charmoso de São Paulo, acho. Ele fica na esquina da Cardeal Arcoverde com a Dr. Arnaldo. Tem um monte de soldado inglês lá que lutou em sei lá qual guerra e era um cemitério de poucos lugares, muito arborizado e com poucas lápides grandiosas, com estátuas, de que você nunca foi fã.

Quando cheguei com a Du, a tia Eva e o Ti já estavam lá. E você também. Ao entrar, senti uma pontada no coração. Foi a primeira vez que fiquei sem ar. A anestesia havia parado por alguns milésimos de segundo e senti uma dor no peito forte. Para chegar em você, precisava subir alguns degraus e, de onde eu estava, conseguia visualizar seu caixão e eu ainda não estava preparada para te ver. Não queria ficar com essa imagem na minha cabeça. Não queria.

A tia Eva colocou um anúncio no Estadão. E, Babbo, você conseguiu fazer suas duas últimas festas com muito sucesso. O clima neste segundo estava tão afetuoso que a minha sensação era de estar levitando. As pessoas não iam embora. Todos queriam estar lá até o final.

Seus amigos do Mackenzie. Seus amigos de Guarulhos. Seus amigos da vida. Todos vieram. Todos! E os meus também. Os meus vieram porque sabiam da nossa relação e foram para me dar uma força nesse momento. Mas também não só por isso.

Eu fazia questão de te apresentar a todos meus amigos. E muitos deles viraram tão amigos teus quanto meus. E eles não estavam lá só por mim, estavam lá para se despedir de você. Uma amiga teve a brilhante ideia de trazer um chapéu de Capitão. E foi perfeito. Porque eu sempre te dava presentes relacionados à velejar e ao mar e bradava sempre o poema de Whitman "O Captain, My Captain!", mas fazendo alusão à clássica cena de *A Sociedade dos Poetas Mortos*, quando todos os alunos subiram em suas carteiras como um gesto revolucionário e de homenagem ao professor, interpretado brilhantemente por Robin Williams.

Assistimos a esse filme algumas vezes. Choramos em todas. Você sempre me dizia: "nunca aceite uma regra que não faça sentido para você, rebele-se, revolte-se, construa o seu caminho, será mais difícil, mas será teu". Na última cena, cheguei até a subir na mesa algumas vezes para fazer referência a você, meu Capitão.

A gente gostava tanto dessa cena do filme porque sabíamos da morbidez do poema. A volta do navio e dos sobreviventes à terra natal com o Capitão morto no convés. Ironias do destino ou não, estava eu voltando para nossa terra com você morto em meu deck.

O Captain! my Captain!
rise up and hear the bells;
Rise up — for you the
flag is flung — for you
the bugle trills;
For you bouquets and
ribboned wreaths — for
you the shores a-crowding;
For you they call, the
swaying mass, their eager
faces turning;
Here Captain! dear father!
This arm beneath your
head;
It is some dream that on
the deck,
You've fallen cold
and dead.

Ô Capitão! Meu Capitão!
Levante-se e ouça os sinos;
Levante-se – para você a
bandeira é arremessada –
para você os trinados da
corneta;
Para você, buquês e
guirlandas de fitas –
para você, as margens
se amontoam;
Para você eles chamam, a
massa oscilante, seus rostos
ansiosos se voltando;
Aqui capitão! querido pai!
Este braço sob sua cabeça;
É algum sonho que no
convés,
Você está frio e morto.

Ah! Capitão Babbo, quando vi o quepe saindo da sacola da minha amiga, senti a segunda pontada no peito do dia. Estávamos lá na festa que queria, com você não mais entre nós.

Preferiria agora relembrar de quando chorávamos todas as vezes com o filme *Rocky*, muito melhor que esse. Chorávamos porque lembrávamos do seu pai, meu vô, que era açougueiro e boxeador. Chegou até a ser campeão de peso-pesado amador em Buenos Aires, primeira cidade que o abrigou depois de ter saído de Gorizia, Eslovênia, fugindo da Primeira Grande Guerra. E ele treinava nas carnes, assim como o Rocky Balboa. Você lembra que chorávamos litros nesse filme? Teve uma tarde que assistimos a todos os quatro, era um especial que estava passando em algum canal de televisão e simplesmente não conseguimos desligar a tevê.

Foi em Buenos Aires que ele também conheceu a vovó, que morava em um vilarejo ao lado do dele. Também ela chegou ali fugindo da guerra, mas vocês só foram se encontrar na Argentina. Nossa família tem tanta história legal que merece outro livro. Quem sabe um dia se a tia Mima me ajudar a contar direitinho todos os fatos?

Percebi que tinha devaneado lembrando de nossas histórias. Quando voltei à Terra, me dei conta de que nada tinha mudado. Meu Capitão continuava morto. E todos não sabiam o que fazer para me suportar. Mesmo com esse drama todo que nós sempre fomos bons em criar, eu ouvia mais risada que choro, mais boas memórias que ruins. Mais felicidade. E foi quando percebi que meu Capitão não estava morto. A sua energia, Babbo, estava viva, muito viva em todos nós. Em mim, especialmente. Respirei fundo, senti tanto amor que lágrimas saltaram, mas de felicidade. Naquele momento, eu comecei a entender que nunca estaria sozinha na minha vida. Eu senti você vivo. Dentro de mim.

Você sempre foi nosso filho da putinha predileto. Apelido que você falava para os seus que mais amava. Filho(a) da putinha era a forma máxima de amor para você. E como não ser o nosso preferido se conseguia fazer até um velório ser pra cima? Por isso, batizei este capítulo de Veloreta. Uma mistura de velório com micareta. Só estava faltando o abadá.

O tempo passava e eu não tinha ainda coragem de te ver. Era a hora de você ir para o crematório e as pessoas pediam para dizermos algumas pequenas palavras. Cabia ao Tiago e a mim sermos porta-vozes. Tiago, como todos já sabem, o filho que você nunca teve, mas sempre o considerou como. E eu, a Figliola-rebelde-revoltada-vidaloka-caçula. E eu comecei:

"Ó Capitão, Meu Capitão!

Você não foi somente meu Babbo. Você foi meu melhor amigo.

Não tínhamos segredos. Não tínhamos mimimi. Não tínhamos problema. Você deu o que conseguiu proporcionar no mundo mundano. Mas nunca foi pobre de amor. Nisso sempre foi milionário.

E eu, sortuda em aprender a viver libera e independente como você sempre me criou. Responsável das minhas próprias atitudes e amada, ao mesmo tempo. Se me perguntassem hoje ao que poderia ser grata, diria que foi aprender o que é amor com você. E sei que você também aprendeu comigo. Afinal, deveria ser sua evolução, né? Não sei se tenho essa pretensão, só sei que, hoje, por mais que doa a sua partida, sei que o nosso amor me preencherá para sempre enquanto for viva. Já tenho saudades. Baci della tua sempre Figliola."

E foi então a vez do seu filho:

"Cafa-mór. Se alguém poderia ser consagrado como o Rei dos Cafajestes, não haveria outra pessoa que não fosse você o coroado. Cafajeste porque não havia uma mulher que não se apaixonasse por você. Sabe, por que, Cafa? Porque você sabia o que era amor. Você me ensinou a amar e ser amado também. A leveza de amar. De saber que não há cobrança, que não há regras, que não há limites. O amor é, sim, infinito. Você foi prova disso. Veja quantos estavam ontem em seu primeiro velório e quantos estão aqui agora. Quem ama, semeia o amor e vive sem amarras, vira exemplo. Exemplo de ser humano. Em sua Cocanha, você recebia a todos de braços abertos, comida, bebida e boas risadas. Sempre viveu do seu jeito, amou do seu jeito e fez do seu jeito. Você me ensinou a entender que não precisamos seguir nenhum caminho feito, e sim, construir o nosso. Andar pela estrada que nos faz sentido, não aquela que nos é imposta. Porra, Cafa, te amo para sempre. E para sempre te amarei e te levarei como meu exemplo de Cara. Nos vemos em breve."

Depois do choro coletivo, porque não havia como ser diferente, nos abraçamos. O Ti colocou a primeira das suas duas músicas preferidas, que você havia pedido para colocar em sua última festa. "O Samba da Benção", do mestre Vinicius de Moraes.

É melhor ser alegre que ser triste
Alegria é a melhor coisa que existe
É assim como a luz no coração

Abraços demorados e palavras carinhosas. As pessoas que iam embora se despediam mais uma vez de você.

Eu saí da salinha e fiquei esperando embaixo. Todos que te viram em Caraguá e em São Paulo me falavam o quão lindo estava.

Ouvia-se quase em uníssono:

— Ele sempre foi tão lindo, tão lindo, que até assim continua lindo. Acho que nunca vi ninguém tão lindo morto.

Eu pensava que as pessoas te amavam tanto que ficaram loucas em achar um morto lindo. E foi então que o Ti e a Du chegaram para mim:

— Ele está realmente lindo. Pode ir vê-lo. Encerra o seu capítulo com ele. Vai lá.

E apertaram minha mão.

Respirei fundo. E fui andando devagar. Subi cada degrau com muita cautela. Os passos até você eram intermináveis.

Enquanto andava, vi minha tia U sentada nas cadeiras. Ela não saiu do seu lado nenhum só instante. Ela me olhou com seus olhos azuis-claros como o céu. Não disse nada. E nem precisava. Sentia o apoio que me dava só ao ver aquela claridade de alma em seu olhar. E continuei a andar. O caminho era de menos de dez metros, a minha sensação, porém, era de que estava percorrendo uma maratona.

Cheguei no caixão. Fechei os olhos e fui me aproximando meio que tateando o ambiente até chegar em seu rosto.

Abri os olhos e lá estava você. Lindo. Calmo. Sereno. As pessoas não estavam loucas, você era o morto mais lindo de todos. Estava gelado. E eu te abracei.

Foi quando eu chorei. Chorei profundo. Chorei dolorido. Simplesmente chorei. Beijei sua testa. Te apertei contra mim mais uma vez e coloquei seu chapéu de capitão na sua mão.

— Valeu, Babbo! Foi uma honra navegar aqui contigo.

Coloquei as mãos no rosto e alguém veio rapidamente me abraçar. Pedi para fechar o caixão. Vinicius continuava cantando. Antes de te tamparem, impedi por um momento porque queria te ver pela última vez. E você continuava lindo.

Seu caixão foi fechado. E você foi virar pó. Vinicius de Moraes deu a vez para a sua segunda música preferida. "My babe just cares for me", de Nina Simone.

My baby don't care for shows
My baby don't care for clothes
My baby just cares for me

Não lembro quem carregou o seu caixão, mas lembro de que, quando olhei, eram pessoas que te amavam e admiravam muito. Eu sei que você odiava qualquer coisa cerimonialista, mas fique tranquilo que nada foi combinado. Como tudo até agora, o que aconteceu foi fluido e natural.

O seu carro chegou. A porta foi aberta. Colocaram você dentro. Fecharam a porta. E você saiu. Todos ainda te olhavam como um rei. Como alguém que fez diferença na vida de todos.

— *Ciao, Babbo. A presto.*

„ Nada é para sempre, Figliola, nada é para sempre. Viva enquanto é tempo. Curta enquanto é tempo. Nossa estadia na Terra é curta. Nunca abandone tua essência. Nunca se venda por dinheiro ou por promessas. Viva. Ame. E seja sempre humana. "

SETE DIAS
SEM VOCÊ

> SER FILHA DE BABBO É ABRIR UM VINHO
> PRA COMEMORAR ESTE E TODOS OS DIAS
> E CHORAR QUIETINHA LEMBRANDO O
> QUÃO SORTUDA EU FUI DE TER UM CARA
> TÃO INCRÍVEL COMO MEU BABBO E,
> AO MESMO TEMPO, PEDINDO MAIS
> CINCO MINUTOS AO LADO DELE.

Você, Babbo, quando criança era algo chamado Cruzado Eucarístico — um misto de escoteiro com coroinha e sei lá mais o quê.

Um idiotinha completo — sempre me disse. Um belo dia, se revoltou, pediu para sair da escola de freiras que estudava e foi para outra, pública, onde podia ir descalço estudar — e também, como não podia deixar de ser, tinha se apaixonado pela professora.

— Minha primeira paixão, meus primeiros sonhos eróticos foram com ela — relembrava você.

A partir daí você sempre foi contra qualquer instituição dogmática. Sempre respeitou todas, o que não suportava mesmo era o "tem que".

— Quando alguém fala para mim "você tem que fazer isto", toda a graça da vida vai embora, eu não tenho que nada.

Brigava comigo toda vez que eu falava que você tinha que fazer dieta ou beber menos.

— Deixa eu ser feliz — bradava. Sim, Babbo, eu deixo você ser feliz.

Acho que você, Babbo meu, foi o fundador do Deboísmo sem mesmo saber.

— Faça o que quiser, seja o que quiser, mas me deixa quieto na minha, o que é bom para você pode não ser bom para mim e vice-versa, tem gente que não gosta de velejar e de vinho, quem sou eu pra discutir o contrário, sobra mais vento e bebida pra mim.

Só eu sabia que quando tudo apertava muito, você ia lá escondidinho e acendia uma vela.

— Para quem é esta vela, Babbo?

— Para quem eu quiser que seja.

No fundo, eu sei que você sempre acreditou em anjos — humanos e não humanos. E os adorava. Anjos para você eram os grandes salvadores e era para eles aquela vela acendida de tempos e tempos. Ah! E eu nunca esqueço que foi você quem me ensinou quando pequena a rezar um Pai-Nosso quando estivesse com muito medo. Mas esses são nossos segredos nem tão mais secretos.

Eu, por causa de tudo que vivemos este ano e por indicação de um caro amigo meu, virei budista. Mas um budismo chamado laico, ou seja, o budismo, que já não tem dogma, com menos dogma ainda. Um budismo que você honra os seus antepassados e nada mais. Quando eu fazia minha prática ao seu lado, sempre ouvia:

— Que coisa mais dogmática!

— Mas, Babbo, é uma prática laica, todo mundo pode fazer, até quem tem religião.

— Isto é laico onde? No cu?

E assim encerrava-se a prática e a conversa.

Sete dias haviam se passado desde que você saltou do Planeta, como gostava de dizer de seus caros amigos que também tinham mudado de plano. Até hoje, quando eu acho que consigo já respirar com folga, vem aquela dor insuportável e me faz lembrar que a caminhada para entender o teu salto, Cafa-mór, será mais longa do que eu poderia imaginar.

Mas o fato e ponto mais importante é: você nunca quis missa de sétimo, vigésimo ou sei lá quantos dias. "Se eu quiser falar com qualquer coisa, eu vou lá e falo, não preciso de intermediários". E, de fato, você foi falar diretamente, Babbo, sem ninguém no meio, sem fofoca ou diz que diz, que você sempre odiou.

— Cada um pode fazer o que quiser, eu não ligo, só não vai organizar missa no meu nome!

> Quanto mais escuto 'tem que', mais me dá vontade de me rebelar e fazer o contrário. O espírito livre não tem obrigação, faz naturalmente o que necessita passar e viver.

BABBO VIRA MAR

Depois de alguns meses de sua partida, decidi que estava pronta para entregar as suas cinzas. Havíamos combinado que Evinha, Dushka, Mayu, Nikki, Tiago e eu entregaríamos as suas cinzas, como você pediu, no mar da Cocanha.

Todos já havíamos velejado e andado de windsurfe com você. Todos temos lembranças tão incríveis da Cocanha com você que não tem como separar um do outro. Não havia melhor lugar para te entregar que esse mar. Vocês, finalmente, virariam um.

O grupo todo ficava relembrando suas recordações. Incontáveis vezes falávamos de você com sua energia conquistando a todos. Essa energia que atraía, de que queríamos estar perto, que era amor *in su tinta*. Ao recordarmos Cocanha e você, era impossível não estamparmos automaticamente um sorriso no rosto. Babbo, você foi responsável pela plenitude de muitas trajetórias porque trouxe muitas boas memórias a todos. E nada seria mais justo do que te unir ao lugar que mais amava.

Havíamos combinado um feriado. Todos descemos. Um dia antes de te entregar, fizemos o ritual do Babbo: um jantar dos deuses regado a muito vinho. Comemos, conversamos, choramos e rimos por horas. O mais forte era sentir a tua presença. Não era só eu, mas todos sentíamos a tua energia lá. De repente, o silêncio prevaleceu. Era hora de dormir. E nos retiramos em contínuo silêncio. Quase sem querer, estávamos nos concentrando para o dia que você, Babbo, viraria mar.

O dia não poderia ter nascido mais perfeito. Um sol de meia estação, as cores verdes bem destacadas na Mata Atlântica, o céu azul e o mar sem ondulações. Perfeito para te entregarmos.

Equipei meu carro com o meu SUP e alugaríamos dois caiaques na praia. Escolhemos fazer a partida da Mococa pela logística. A Evinha já estava lá nos esperando junto com o seu marido Marcelo. O seu anjinho não queria ir com a gente até a Cocanha remando, então guardamos um pouco de tuas cinzas para serem jogadas por ela na Mococa. Então, Dushka, Tiago, Mayu, Nikki e eu saímos remando até a divisa das praias.

Levamos um *prosecco* para manter a tradição. Eu tinha você em uma mochila nas minhas costas e fomos, devagar, aproveitando o caminho para uma última despedida. Ao chegar na divisa, abrimos o *prosecco* e até a Nikki tomou um gole.

Respiramos fundo, sentei na prancha, abri a mochila e peguei a urna. O sol da meia manhã estava batendo em todos nós, uma luz linda, de outono, o mar estava calmo, toda a sensação era de paz completa. É engraçado como nos apegamos a coisas sem sentido, né? Temos a consciência de que são só cinzas, mas, antes de abri-la, quis abraçar a urna, como se fosse um último abraço nosso. Ah, Babbo! Você já estava fazendo falta. Da tua energia capaz de levantar qualquer clima ou astral, do teu sarcasmo, da sua acidez e da sua tolerância zero.

. . . .

Lembrei-me da vez que estávamos ali competindo, com nosso catamarã 16, com outros amigos teus. Você estava me ensinando a ser proeira e tinha me dado um trapézio para usar. Era um dia com ventos fortíssimos e intensos. Os seus amigos se diziam os velejadores mais incríveis dos oceanos. Hehe. Você adorava competir, ainda mais com esses tipos de pessoas. E eu puxei isso de você.

Estávamos atrás deles. Mas você viu que, se mudasse de direção, poderia pegar ainda mais o vento e andar muito rápido. E foi o que você fez. Mudou a direção, me colocou para contrabalancear o vento. E as rajadas eram tão fortes, que uma das bananas saiu do mar e, para não virarmos, eu soltei o cabo do trapézio, o segurei com uma corda e fiquei quase de ponta-cabeça com as pontas dos cabelos sendo molhados pelo mar e os pés amarrados no deck do catamarã. Olha, eu já fiz minhas pequenas aventuras, mas esses foram os segundos mais incríveis da minha vida. Tudo estava com uma adrenalina tão deliciosa que a gente até esqueceu que estava competindo. A banana voltou para o mar, a gente soltou as duas velas e começamos a gritar de emoção.

— Figliola! A competição!

Olhamos para todos os lados e vimos os bonitões tão atrás que não deu nem para ver as caras deles de desapontados. Gargalhamos, você me deu um daqueles abraços fortes de urso e disse:

— Te amo, Figliola! Você é a minha parceirinha.

. . . .

Abri os olhos, abraçada à urna.

— Está na hora de a sua parceirinha dizer adeus.

Peguei um punhado das cinzas e joguei no mar. Passei a urna para o Tiago e pedi o *prosecco*. Joguei um pouco para você e tomei um golinho daqueles sutis e gostosos, que enchem nossa boca de borbulhinhas refrescantes.

O Tiago, a Dushka, a Mayu e a Nikki, todos jogaram punhados de você e todos — inclusive a Nikki — beberam goles gostosos daquela garrafa. O mais incrível é que olhamos para o mar e ele estava todo dourado, brilhando. Parecia ouro. Tiramos até uma foto para mostrar para as pessoas acreditarem depois. Porque não era possível.

Choramos todos. E voltamos em silêncio. Remando naquelas águas suaves. O sol batia no mar verde transparente e dava para ver alguns peixinhos nadando por lá também. Chegamos na praia e fui abraçar imediatamente a Evinha. Que aguardava ansiosamente para fazer sua despedida.

Nos demos as mãos e caminhamos com você passo a passo naquela areia que começava a esquentar, mas ainda estava com uma temperatura gostosa, aquela que aquece a alma. Entramos no mar bem devagarinho, aproveitando cada parte do nosso corpo que se molhava. Chegamos até a altura da cintura da Evinha.

— Se formos mais para o fundo, eu me afogo — disse ela, rindo.

Ela é vinte centímetros menor e aproveitou a diferença para colocar um pouco de leveza naquele momento tão forte. Tenho certeza de que você faria o mesmo. Esse espírito feliz teu foi muito para ela. Nunca vi uma pessoa que consegue dar risada em todos os momentos. Ela é assim, evoluída. Bem mais que você, mas acho que os pais querem isso mesmo, né? Que os filhos sejam melhores versões.

Ela pegou um punhado bem grande teu, beijou a própria mão e jogou você no mar.

— Tchau, pai.

A Evinha sempre te chamou de pai. Toda vez que ela falava pai, sempre me enchia de amor. Saía doce de sua boca. Suave, parece até que vinha com coraçõezinhos grudados nela. Esse *pai*, obviamente, arrancou lágrimas de meus olhos. A abracei e a vi jogando você todo no mar da Mococa. E não é que lá você estava brilhando também? Ficamos olhando você reluzindo no mar até se misturar completamente. Você era ouro, Babbo. Ouro e Glitter. Realeza e Carnaval. Nobreza e Diversidade. Até suas cinzas fizeram jus à sua essência. E que essência mais maravilhosa, *sui generis*, única, complexa, eu tive a honra de conviver.

Saímos devagar até chegarmos na areia. De mãos dadas, nos viramos mais uma vez para aquela imensidão, respiramos fundo e sentimos a sua presença mesclada ali na natureza.

Você virou mar. E eu ainda estou descobrindo o que virei...

"Ser filha de Babbo é saber que terei uma vida linda daqui pra frente, porque ele quer assim, mas que sempre faltará aquele que me fez ser quem eu sou, meu Babbo."

3

NOTAS DE AMOR SOBRE A SUA PARTIDA

THE KING IS GONE

Por Dushka Tanaka

A última semana durou uma vida, e como é típico de pessoas especiais e únicas, as lembranças te levam numa viagem louca. Você embarca e demora anos para entender o que aconteceu.

Dedé me deu a chance de dizer a ele momentos antes de ele partir que eu o amava e que ele sempre tinha sido meu herói. Foi o cara que me levava de carona no windsurfe quando eu era pequena. E me fez ser apaixonada pelo mar. Foi o cara que nunca me julgou por beber e fumar.

Ele foi o inventor do bromance e foi a pessoa que teve mais bromances que eu conheci na vida. Os caras se apaixonavam por ele, coisa de amigo, tipo quero curtir com esse cara para sempre. E as mulheres... Ahhh as mulheres... Elas sempre foram loucas por ele.

A casa dele era o melhor lugar para estar e todas as crianças queriam estar lá apesar de ele dizer que gostava de crianças japonesas... lá no Japão e ele aqui.

Obrigada por compartilhar sua vida e sua morte comigo, obrigada por me ajudar a entender a sua partida e me aproximar mais das pessoas que eu mais amo nesse mundo.

Vai, cara! Agora o universo inteiro é seu, bem do jeito que você merece!

EXPERIENCES MAKE YOU RICHER AND WISER

Por Carlo Walhof

A primeira vez que eu vi Dedé foi no meu casamento. Parece muito tempo atrás, acho que por causa da quantidade de experiências que ganhei nos últimos anos. Experiências fazem você mais rico e sábio e eu tenho feito tantas coisas novas nos últimos anos que às vezes parece que vivi quinze anos em cinco, e talvez isso seja verdade.

Claro que eu falei com Dedé na cozinha, onde os fumantes ficam em frente à janela aberta. Você pode dizer o que quiser, mas fumantes e beberrões são as melhores pessoas.

Se, durante um jantar, metade da mesa se levanta e vai para fora fumar, eu te garanto que lá fora estará mais divertido. Nas cozinhas de São Paulo não é diferente. Às vezes está mais cheio lá do que na sala de jantar onde a festa acontece.

Estávamos lá, nós três de frente para a janela aberta, fumando e tomando uma cerveja. Tiago, Dedé e eu. "É uma pena que Tomio já não está mais entre nós", Dedé disse. Tomio é o pai de Dushka e ele havia falecido alguns anos antes de Dedé e eu nos conhecermos.

Eu escutei muitas histórias incríveis sobre ele e a partir delas eu posso dizer que... Dushka é 100% seu pai.

"Tomio era um grande homem", Dedé continuou. "Dizem que se você tiver sorte vai encontrar uma pessoa boa e muito especial na vida, e para mim essa pessoa foi o Tomio."

Hoje Dedé morreu, meu melhor amigo e o maior apreciador da vida que eu já conheci. Para mim, querido Dedé, você foi essa pessoa boa e especial, e eu sou feliz por ter tido o privilégio de conhecê-lo nesta vida.

Obrigado por todas as maravilhosas histórias e inesquecíveis momentos, obrigado por toda a diversão e pelo seu lindo jeito de ver a vida. Eu aprendi com você que a única coisa que realmente importa nesta vida é aproveitá-la ao máximo!

E se tiver uma cozinha aí em cima... Nos vemos lá. Boa viagem.

The first time I saw Dedé was at my wedding. It all seems so long ago, I think thats because all the experiences I have gained in recent years.

Experiences make your richer and wiser and I've seen and done so many new things the last years it sometimes seems as if I have packed 15 years into 5 years and maybe that's true.

Of course I spoke Dedé in the kitchen where smokers stand at the open window. You can say what you want but smokers and drinkers are just nicer people.

If, during a dinner party, half the table get up to go outside to smoke I guarantee you that outside it's more fun. The kitchens of São Paulo don't make a difference on that, sometimes is fuller there than in the living room where the party is.

We were there, the three of us at the open window, smoking and drinking beer. Tiago, Dedé and me. It is unfortunate that Tomio is not with us anymore, Dedé said. Tomio is the father of Dushka and he passed away a couple of years before we met.

I have heard many great stories about him and from those stories I know the resemble... Dushka is 100% her father. Tomio was a great man, Dedé continued; they say that if you're lucky, you will meet a very special and good person in your life and for me that was Tomio.

Today Dedé died, my best friend and the greatest enjoyer of life I have ever met. Dear Dedé for me you where that special and good person, and I am glad that I did have the privilege to met you in this life.

Thanks for all the wonderful stories and unforgettable moments, thanks for all the fun and your beautiful view on life, I have learned from you that the only thing that really matters in this life is to enjoy to the max!

And if there is a kitchen up there... I'll see you there. Have a save trip.

adnirações de los MS-DOS numéricos y los asphona me mor transportant seí, ja diria A. Saint-Exupéry.

O INDEMISSÍVEL DEDÉ SOBAN DEIXOU A VIDA PARA ENTRAR NA HISTÓRIA

Por Pitágoras Bom-Pastor

A cidade de Caraguatatuba perdeu ontem, fisicamente, uma referência em todas as áreas: Eduardo Heitor Soban, *o Dedé*, o mais renomado e querido arquiteto de Caraguatatuba deixou seus amigos e admiradores órfãos. Mas não morreu. "Pessoas boas não morrem: semeiam-se", já dizia A. Saint-Exupéry.

Dedé semeou amizade, semeou filhos tão exemplares quanto ele; semeou obras e principalmente semeou exemplo. Exemplo de um cidadão que sempre contribuiu com a cidade. Cidadão que provou ser possível ser militante, mesmo sem estar filiado a correntes político-partidárias.

Ajudou a derrubar o Bonequismo. Foi eleito vereador em 1972, na mesma chapa que elegeu José Dias Paes Lima (o Zé Dentista), Professor Antônio de Freitas Avelar e Dúlio Peixoto — chapa do candidato derrotado Luiz Pires e do Vice Dadinho (Luiz Pires, até hoje é considerado como o melhor prefeito que Caraguatatuba poderia ter tido. Ou seja, é igual aquele "não gol" mais bonito que Pelé poderia ter transformado em gol, no famoso drible da vaca do jogo Brasil e Uruguai, na copa de 1970). Mas Dedé não quis ficar na Câmara. Talvez, hoje podemos dizer que ele foi igual ao "não gol" de Pelé, ou seja, se tivesse ficado, poderia ter se tornado o melhor vereador de Caraguatatuba.

Mas Dedé nunca quis nada pessoal. Muito menos beneficiar-se do Poder Público. Dedé nasceu para servir, não para *servir-se*. Sua vida é marcada pela generosidade com todo mundo, amigos, empregados, conhecidos e até desconhecidos. A lembrança que me vem dele à mente é sempre aquele olhar verde brilhante (da cor do mar da Cocanha); aquela fala pausada; aquele sorriso vasto. Lembro do Dedé treinando karatê, com a primeira turma de karatecas de Caraguatatuba, na década de 1970. Tinha um jeito curioso de perguntar como se fazia, um certo movimento: "Ah, entendi – dizia — aqui tem que se fazer um ângulo de noventa. Até no karatê ele era *arquiteto*. Dedé não morreu. Seu corpo se integrará definitivamente ao mar da Cocanha, seu paraíso predileto, na cidade que ajudou a embelezar (será cremado e quer que suas cinzas sejam jogadas no mar da Cocanha). Quem for à praia da Cocanha se banhará também de Dedé Soban. Os mais sensíveis certamente absorverão sua bonomia e tantas outras das suas qualidades.

Mandemos para lá os jovens! Caraguatatuba precisa, *urgentemente*, de um mar de Dedés. Está *faltando Dedés* na política; na cidadania, na cidade. Além do mar da Cocanha, Dedé agora também está nas páginas da história, no espaço reservado *aos Grandes*. Grandes que nunca reivindicaram sua grandeza; Grandes que nunca se aproveitaram da sua grandeza; Grandes não porque o quiseram sê-lo... Mas porque assim o foram *nomeados e escolhidos pelo povo*. Sim, porque só o povo pode de fato decidir em que página *do livro da história de Caraguatatuba* o nome de cada um será inserido. No panteão de glórias ou nas páginas negras.

Dedé estará lá, na Cocanha, aguardando os amigos, em corpo *mar-liquificado*. Sua alma estará rondando a cidade. Um sorriso aqui; um alerta ali... E clamando o lema da cidade *dvc in altum* — "sempre avante Caraguatatuba". Que venham novos Dedés. A cidade precisa de homens que tenham *a sua grandeza... grandeza integral e diferencial*. Chega de ídolos de plástico, criados pelo marketing que o dinheiro público custeia e o povo paga, com impostos, e (consequentemente) com as pragas do ineficiente serviço público. *Dedé Vive. Viva Dedé!*

AGRADECIMENTOS

Gostaria de agradecer ao mundo, por ser tão incoerente, injusto e, ao mesmo tempo, maravilhoso, mas teria que escrever outro romance. A todas as personagens citadas. Sem vocês, este livro e, principalmente, a minha história de vida não seriam nada.

Aos meus caros amigos que não estão na história, mas fazem parte dela: Tiana, Cynthia, Carô, Ana&Maria, Sassá VP, Otto, Gustavineo, Giscard, Kaká, Edu, Dani, Gabi, Pá e Gui, Deb, Sol, Promo, Carlinha, Johnny, Claudinha, Dudi, Eli, Selminha e tanta gente que não vou conseguir citar. Mas, por favor, se eu te conheço e divido qualquer memória com você, saiba, eu te amo.

À Língua Portuguesa. Que mesmo eu não a tratando com tanto respeito, ela sempre me salva. É ela que me faz transbordar e me curar.

À maravilhosa Ana Rüsche, ao querido George Amaral e à super Lilian Aquino. Vocês pegaram as minhas palavras emocionadas jogadas no papel de forma catártica e as transformaram em um texto bonito e coerente. Ao querido Marcus Steinmeyer, que conseguiu me retratar com tanta poesia.

Ao Siddharta, que faleceu aos cinco aninhos, antes de ver este livro publicado, mas esteve ao meu lado todos os seus minutos até um pouco antes de escrever este agradecimento.

À dor, ao luto, à esperança e ao afeto. É engraçado como esse combo te faz evoluir. É de se odiar o processo, mas é indiscutível a sua eficácia.

Escrevi no início e repito no final: a todos os Babbos e a todas as Mammas que desejam fazer de seus filhos versões melhores deles mesmos.

E, como não poderia deixar de ser, a todos vocês, sem exceção, um grande obrigada repleto de muito amor.

Esta obra foi composta em Blacker Text 11.2 pt e impressa em
papel Pólen soft 80 g/m² pela gráfica Loyola.